Michiaki und Hildegard Horie · Einübung ins Vertrauen

Von vielen Seiten ist menschliches Leben eingeengt oder bedroht. Die Versuchung, sich von der Angst und Sorge gefangennehmen zu lassen, ist groß. Der eine versucht, dagegen anzugehen, der andere schließt die Augen, um nicht sehen zu müssen. Manche Menschen resignieren.

Doch einigen gelingt es, trotz Schwierigkeiten ein Leben zu führen, das von der Freude geprägt ist. Was ist das Geheimnis?

Das Geheimnis ist eine vergessene Therapie: VHT – Vertrauen, Hoffen, Tun. Vertrauen bedeutet Hoffnung. Und Hoffnung gibt Kraft, aus der neues Handeln kommt. So ein Vertrauen ist erlernbar. Es beginnt mit dem bewußten Wahrnehmen der Spuren Gottes im Alltag, das dann in Dank mündet. Und je dankbarer ein Mensch ist, desto freier wird er.

Anhand der Schöpfungsgeschichte wird eine Woche lang ein neues Denkmuster eingeübt, das auf Vertrauen basiert. Grundthema ist das dankbare Sich-bewußt-Machen der Liebe und Fürsorge Gottes.

Dr. Michiaki Horie, geboren 1941 in Hiroshima/Japan, in buddhistischer Tradition aufgewachsen, seit 1959 Christ, praktizierte von 1968 bis 1988 in Deutschland als Facharzt für Neurologie, Psychiatrie und Psychotherapie. Er war der Initiator und Leiter der Seminare für Konfliktbewältigung und biblische Lebensgestaltung. Seit 1989 lebt er mit seiner Familie in Victoria/Kanada.

Gemeinsam mit seiner Frau Hildegard Horie veröffentlichte er zahlreiche Bücher, unter anderem: *Auf der Suche nach dem verlorenen Vater; Du + Ich = Wir; Familie als System; Depression – Wege aus dem Dunkel; Gesichter der Sucht; Leben, das vor uns liegt; Lieber Doktor H.; Stufen der Befreiung; Umgang mit der Angst; Das verloren Ich; Wenn Gedanken Mächte werden; Wenn Vorbilder trügen.*

Michiaki und Hildegard Horie

# Einübung ins Vertrauen

Schritte zu einer positiven Lebenshaltung

R. BROCKHAUS

## RB*taschenbuch Bd. 524*

1., bearbeitete Taschenbuchauflage 1996

© 1996 R. Brockhaus Verlag Wuppertal und Zürich
Umschlag: Dietmar Reichert, Dormagen
Gesamtherstellung: Breklumer Druckerei Manfred Siegel KG
ISBN 3-417-20524-7
Bestell-Nr. 220 524

Dieses Buch ist gedruckt auf 100 % Recyclingpapier

# INHALT

# VORWORT

Die Probleme des Menschen, der eine Beratung sucht, sind meist sehr vielschichtig, und immer wieder muß der Ratgeber feststellen, daß er im Grunde wenig ausrichtet. Allerdings wird er als Außenstehender oft etwas sehen, was der Betroffene selbst einfach nicht wahrnehmen kann.

Nun bieten sich viele verschiedene Therapiemöglichkeiten an, und jede wird mit der entsprechenden Überzeugung an den Hilfesuchenden herangetragen. Doch dabei wird häufig eine Therapie übersehen: Es ist die schlichte Aufforderung zu jenem Vertrauen, das aus der Dankbarkeit kommt.

Dankbarkeit hilft uns, mit dem Blick auf erfahrene Hilfe die gegenwärtigen Probleme neu zu beurteilen. Sie lehrt Hoffnung, und Hoffnung verleiht neue Kraft für neues Tun.

Wir haben in dieser neuen Auflage unseres Buches die Tonkassetten der 1. Auflage inhaltlich eingearbeitet und einige neue Aspekte hinzugefügt.

Es ist unser Wunsch, daß diese vergessene Therapie manch einem zur Hilfe wird.

Victoria, im Frühjahr 1996                    M. u. H. Horie

# I. Teil

# Vertrauen ist erlernbar

*Wenn* . . .

- Sie von der Vergangenheit nicht loskommen . . .
- die Angst Sie hemmt . . .
- Sie nicht wissen, ob Sie die richtige Entscheidung getroffen haben . . .
- Sie das Gefühl haben, den Anforderungen nicht gewachsen zu sein . . .
- Ihnen alles aus den Händen gleitet . . .
- das Leben wie eine Last auf Ihnen liegt . . .
- alles um Sie herum dunkel ist und hoffnungslos . . .
- Gott unerreichbar erscheint . . .
- das Gebet verstummt . . .
- das eigene Versagen Sie anklagt . . .
- Sie bitter sind und voll heimlicher Anklage gegen Gott und gegen Menschen . . .
- Sie nicht mehr weiter wissen und die Orientierung verloren haben . . .
- Sie am liebsten aufgeben möchten . . .

. . . *dann* fehlt Ihnen Vertrauen: Selbstvertrauen, Vertrauen zum Mitmenschen, Gottvertrauen.

Wo kein Vertrauen ist, nistet sich Mißtrauen ein. Das Leben wird angestrengt, instabil, notvoll.

Deshalb dieser Kurs: LERNEN SIE ZU VERTRAUEN!

Vertrauen lernen?

Ja, Vertrauen ist erlernbar – es kann auch wieder erlernt werden!

Ein kleines Kind vertraut. Es ist seine Natur, nichts zu hinterfragen, sondern zu vertrauen – es kann gar nicht anders. Die Gegenwart von Vater oder Mutter vermittelt ihm Sicherheit. Es weiß, daß Vater und Mutter für ihr Kind einstehen. Es zweifelt keinen Augenblick daran. Es weiß sich von seinen Eltern geliebt und fühlt sich geborgen. Sein Vertrauen basiert auf dem Wissen, geliebt zu sein. Mehr braucht es nicht. Und durch tausend Erfahrungen im Alltag wird dieses Wissen gefestigt.

Erst in dem Augenblick, wenn ein Mensch anfängt, an der Liebe zu zweifeln, kommt Mißtrauen auf. Da beginnt das ganze Fundament zu schwanken. Dann sucht der Mensch nach einer anderen Sicherheit und greift nach Ersatz.

Ein Erwachsener mag nun zu dem Schluß kommen, daß das Leben keine Sicherheiten bietet und daß er mit dieser Erkenntnis das wahre Leben kennengelernt hat. Das wiederum kann zu einem neuen Lebensprinzip werden, nichts mehr vom Leben zu erwarten nach dem Motto: »Wenn ich nichts erwarte, werde ich auch nicht enttäuscht.«

Oberflächlich gesehen mag diese Einstellung eine bewundernswerte Gelassenheit vortäuschen. Doch wenn man genauer hinsieht, spürt man nicht selten dahinter ein tiefes Mißtrauen, was dann zu einem verbissenen Streben führt, alles selbst in die Hand zu nehmen.

Dennoch kann der Mensch seine natürliche Veranlagung nicht leugnen: Er sucht nach etwas, was Bestand hat, worauf Verlaß ist – zu fragen ist jetzt nur, worauf er sein Vertrauen setzt. Wer nicht auf Gott vertraut, der verläßt sich auf seine eigene Kraft, seine Fähigkeiten, auf das, was er erworben hat, oder ganz einfach darauf, daß sein Schicksal ihm günstig bleibt.

Wenn einer auf Erfolg und Reichtum sein Vertrauen setzt, wird er alles tun, um seine Einstellung zu rechtfertigen; aber er lebt doch ständig in der Angst, sein Fundament könne bröckeln und ihn und seine Erwartung nicht tragen.

Wer sein Vertrauen auf die Gesundheit setzt, der muß früher

oder später erfahren, daß er über seine Gesundheit nicht verfügen kann. Er wird durch eine gesunde Lebensweise zwar viel dazu beitragen können, daß er gesund bleibt; aber ein Unfall oder anderes unvorhergesehenes Geschick zeigt ihm, wie unsicher seine Vertrauensbasis ist. Da muß der Mensch sich eingestehen, daß Gesundheit ein Geschenk ist, auf das er keinen Rechtsanspruch hat.

». . . vor allem Gesundheit« lauten daher die Glückwünsche.

Und wer auf die Freundschaft eines Menschen baut, wird eines Tages erkennen, daß er sich auf Menschen nicht verlassen kann. Denn auch Freunde sind »nur Menschen«.

Ein Leben, das auf solch einer brüchigen Grundlage errichtet wird, ist notwendigerweise instabil. Der kleinste Windstoß kann alles zusammenbrechen lassen. Dennoch ist es erstaunlich zu beobachten, was alles auf solch einem schwankenden Fundament errichtet wird!

Jesus, der große Menschenkenner, stellte immer wieder Kinder als Vorbild hin. Um vertrauen zu lernen, müssen wir zu diesem kindlichen Urzustand zurückfinden und das ausgraben, was verschüttet wurde, oder was wir verlernt haben.

Das heißt, längst Verlorengeglaubtes neu zu entdecken und wieder zum Leben zu erwecken.

Das heißt auch: Wir müssen dieses Bewußtsein, geliebt zu sein, wieder gewinnen – denn wir sind es!

Aber es geht nicht nur darum, dieses angeborene Vertrauen zurückzugewinnen – wir können uns einem Lernprozeß unterziehen, der uns hilft, bewußt zu vertrauen.

Wie das möglich ist?

Unsere negativen Erfahrungen können wir nicht ungeschehen machen. All das, was wir im Laufe des Lebens an Erfahrungen gespeichert haben, können wir nicht einfach auslöschen – wir brauchen es auch nicht, denn Vertrauen hat nichts mit Blindheit oder Ignoranz zu tun. Es bedeutet nicht, daß wir die Augen vor der Realität verschließen sollen. Es wird auch nicht von uns erwartet, daß wir das Leid überspielen oder verdrängen und so tun, als berühre uns weder Krankheit noch Tod. Aber wir sollen erkennen und erfahren, daß Angst und Leid nicht das letzte Wort haben.

Jesus war realistisch. Er sah die Tatsachen, wie sie waren. Er versuchte nicht, sich und seine Jünger über die Realität hinwegzutäuschen. Aber er blickte über die hier gültige Wirklichkeit hinaus auf den, der größer ist als die Umstände. Der auch vor Katastrophen nicht resigniert und angesichts menschlichen Versagens nicht ratlos ist.

Obwohl Gott gegenwärtig ist, führen doch weder Umweltprobleme noch Bevölkerungsexplosion, weder Krieg noch Börsenkrach bei ihm zu Krisenmanagement, zu hektischem Agieren. Dies zu wissen führt zu Gelassenheit, die in Dank mündet.

So liegt der Grund unseres Vertrauens nicht in dem seltenen Glücksfall, der uns vor einem bösen Schicksal bewahrt, sondern in der Person dessen, der über uns wacht und der von sich gesagt hat, daß er die Schlüssel zu den Toren der Hölle und des Todes in der Hand hält (Offb. 1,18).

Gerade dort in dem Dunklen und Unberechenbaren liegt der Keim unserer Angst; denn nicht vor dem Guten fürchten wir uns, sondern davor, daß dieses Gute uns wieder genommen werden und statt dessen Unglück uns überfallen könnte.

Nicht vertrauen können ist die Krankheit unserer Zeit – eine Krankheit, die den Menschen zum Krüppel macht: Sie lähmt. Sie erstickt die positiven Kräfte und raubt dem Menschen jegliche Lebensfreude.

Aber es gibt ein Heilmittel gegen diese Krankheit: den Dank.

Wir haben nun eine Art »Erste-Hilfe-Kurs« ausgearbeitet, um in kleinen Schritten ganz praktische Anleitung zu geben – eine Anleitung zum Danken. Und der Dank führt weiter . . .

# Warum ein Trainingsprogramm?

Eine Methode ist nicht für alle Menschen in gleicher Weise hilfreich, genausowenig wie ein Medikament bei jedem Menschen die gleiche heilende Wirkung hat. Und doch kann eine Methode in der Problembewältigung eine Hilfe werden. Denn Enttäuschung, Aggression, Angst, Panik, Niedergeschlagenheit, Minderwertigkeitsgefühle, Selbstmitleid – all das sind Reaktionen auf unsere Wahrnehmung, wie wir eine Situation einschätzen. Sind also Eigenproduktionen.

Was uns am meisten zu schaffen macht, ist also nicht das Problem als solches – es ist unsere Einstellung zu dem jeweiligen Problem, wie wir darauf reagieren. Und solch eine Reaktion kann im Laufe der Jahre durch stete Wiederholung erlernt worden sein.

Genauso aber, wie sie erlernt wurde, kann sie auch wieder verlernt werden. Und dabei kann eine Methode hilfreich sein, die bisherige Einstellung zu korrigieren.

Die Methode selbst ist dabei lediglich ein Werkzeug, das uns zur Verfügung steht, ein Hilfsmittel, um an einer Lebensveränderung zu arbeiten. Die Arbeit selbst kann uns niemand abnehmen.

Eine solche Veränderung kostet Zeit und Kraft und Mühe. Doch wenn wir bedenken, daß wir zwanzig, ja vielleicht dreißig, vierzig Jahre und mehr an unserem jetzigen Denkmuster gewebt haben, werden wir verstehen, daß eine Veränderung, die ja mit einer Umprägung zusammenhängt, nicht von heute auf morgen geschehen kann.

Es mag also sein, daß sich nicht sofort ein sichtbarer Erfolg einstellt. Dann ist es ratsam, diesen Kurs zu wiederholen.

Es gibt keine Psychotechnik, die auf schnellem Weg zum gewünschten Erfolg führt. Keine Tricks, die wir uns aneignen könnten. So können wir Ihnen für Ihre Situation keine Wunderdroge verschreiben; aber diese kleinen Übungen können dennoch Wunder wirken.

Der vorliegende Kurs besteht aus sieben Einzellektionen, die aufeinander aufbauen. Dabei ist es wichtig, daß diese Lektionen nicht hintereinander gelesen oder nur diagonal überflogen werden, um dann zu dem Ergebnis zu kommen, daß sie doch nichts oder zumindest nichts Neues bringen. Diese Lektionen sollen gut gekaut werden wie eine Mahlzeit.

Um verdauen zu können, schlingen wir ja auch nicht alles beliebig herunter, und vom Anblick allein werden wir nicht satt. Je besser nun eine Mahlzeit gekaut wird, desto bekömmlicher ist sie.

Es hilft also nichts, diese Seiten nur durchzublättern und dann abzuwinken mit den Worten: »Das weiß ich längst.« Das Wissen muß praktiziert werden!

Und wie man nicht im voraus die Portionen für eine ganze Woche essen kann oder die Medikamentenflasche in einem Zuge leeren darf, so auch nicht diese Aufgaben. Sie sollen an den einzelnen Tagen nach und nach ausgeführt werden.

Wenn jemand an einer organischen Krankheit leidet, verschreibt der Arzt häufig eine Medikation, die der Kranke morgens, mittags und abends einnehmen soll. Und diese Regelmäßigkeit führt schließlich zu dem gewünschten Erfolg, so daß die Krankheit überwunden wird.

Auch wir möchten Ihnen solch eine Dosierung empfehlen, wobei das Programm am Mittag nur eine kurze Besinnung darstellt, da es für die meisten leichter ist, sich am Abend mehr Zeit zu nehmen.

Es handelt sich um ein Training, eine tägliche Übung. Sie wird nicht viel Zeit beanspruchen, nur wenige Minuten jeden Tag. Aber gerade die Regelmäßigkeit ist entscheidend, damit es eine Übung ist, die schließlich zur Gewohnheit wird.

Zwischendurch werden Sie aufgefordert, den einen oder anderen Satz laut nachzusprechen. Scheuen Sie sich nicht. Niemand wird Sie hören. Aber solch ein Aussprechen hat zugleich einen therapeutischen Effekt. Gerade das Aussprechen kann helfen, Verkantungen zu lösen und einem Problem mit mehr Distanz zu begegnen.

Auch werden Sie hier und da gebeten, Ihre Gedanken aufzuschreiben, um eine bessere Kontrolle zu haben. Und dann sollten diese negativen Gedankenbündel durch positive Überlegungen ersetzt werden.

Es sind keine starren Regeln, sondern Vorschläge, die später durch eine eigene Methode ersetzt werden können.

So beginnen wir am ersten Tag mit zehn positiven Gedanken, zehn Punkten, für die wir danken können. Und diese zehn Punkte können dann auch am Mittag und am Abend erneut aufgezählt werden.

Suchen wir heute zehn Gründe zum Danken, so sind es morgen bereits zwanzig, dann dreißig, vierzig – und am Ende der Woche können wir mehr als siebzig Dinge nennen, für die wir dankbar sind. Das ist ein ganz beachtliches Kapital an positiver Kraft, das wir auf diese Weise sammeln.

Vielleicht fällt es uns am Ende sogar schwer aufzuhören. Doch eines haben wir gelernt: Unser Denken mehr mit einem positiven Inhalt zu füllen und unsere Gedanken auf das Gute zu richten, das Gott uns täglich gibt.

So vieles, für das wir danken können! In Wirklichkeit aber ist es weit mehr – das zeigt die Liste ab Seite 133, die auch nur ein Auszug aus dem vielen Guten darstellt, das uns zuteil wird. Und je mehr wir aufzählen, desto dankbarer werden wir. Und je mehr wir damit beschäftigt sind, das Gute zu suchen, desto weniger werden wir daran interessiert sein, Negatives aufzulisten. Wir begegnen dem Negativen sachlicher.

Das Gute aussprechen muß zu einer Gewohnheit werden – einer Gewohnheit, die schließlich unser Verhalten prägt.

Das kann auch auf die zwischenmenschliche Beziehung übertragen werden: Da sind kleine Ereignisse, scheinbar unbedeutende Handreichungen, ein Lächeln, ein freundliches Wort – wieviel Grund, dem anderen zu danken . . .

Nun mag es sein, daß nicht jeder Punkt, den wir hier aufführen, für jeden zutrifft. Wenn wir beispielsweise dafür danken, daß wir am Morgen aufstehen konnten, jemand jedoch ans Bett gefesselt ist und nicht aufstehen kann, wird der Kranke diesen Punkt durch einen anderen ersetzen.

Oder wenn wir für unseren Partner und Kinder danken, jemand aber allein lebt, so kann er die Menschen in seiner unmittelbaren Nähe nennen, mit denen er zu tun hat.

Wer es nicht gewohnt ist, zu danken, dem fällt es zunächst schwer, und vielleicht ist seine Phantasie bereits nach fünf Punkten am Morgen erschöpft. Aber am Ende der Woche wird er überrascht feststellen, für wieviel er inzwischen gedankt hat. Und als Nebeneffekt wird er entdecken, daß er mit offenen Augen für die Güte Gottes durch die Welt – seine Welt – geht.

Denken Sie also nicht, Sie hätten nichts, wofür Sie danken könnten . . .

## Vom Danken

Dank strahlt aus: Es freut sich der, dem er gilt. Der Danksagende selbst vergilt damit eine Wohltat des anderen – er »entschuldet« sich. Zugleich wirkt der auf existentielle Hilfe antwortende Dank noch unmittelbarer auf den, der ihn »erstattet«, zurück: Als eine Art Schutzmechanismus bewahrt er uns vor der Illusion, wir könnten unser Leben selbst meistern.

Unsere heutige Zeit unterscheidet sich darin nicht von der Zeit der Apostel. Paulus kam zu dem Schluß, daß die Menschen seiner Zeit einem großen Selbstbetrug zum Opfer gefallen sind:

Obwohl sie von Gott wußten, haben sie ihn nicht als Gott gepriesen, noch ihm gedankt, sondern sind in ihren Gedanken dem Nichtigen verfallen, und ihr unverständiges Herz ist verfinstert.

Da sie sich für Weise hielten, sind sie zu Narren geworden ...
(Röm. 1,21-22)

Wodurch können wir von Gott wissen?

Wir können Gott nicht sehen, aber wir sehen, was er erschaffen hat. In der Schöpfung erkennen wir seine Spuren. Je mehr einer mit geöffneten Augen diese Welt betrachtet, desto größer wird sein Staunen.

Und das, was wir sehen, ist ja nur ein winziger Teil dessen, was Gott erschaffen hat. Es gibt unendlich mehr, was uns verborgen ist. So sind wir umgeben von dem Geheimnis Gottes, ohne daß es uns bewußt wird.

In der Schöpfung hat Gott ganz offensichtlich seine Größe, seine Weisheit, seine Kraft unter Beweis gestellt – dennoch glaubt der Mensch, sein Leben ohne Gott leben zu können. Und das nennt er fortschrittlich.

Eigentlich müßten es die Menschen besser wissen, meinte Paulus. Aber sie denken nicht darüber nach. Sie handeln nach ihrem eigenen Gutdünken. Und dann ist das Rad nicht mehr aufzuhalten. Es geht abwärts.

Wenn der Mensch Gott ausklammert und dafür sich selbst einsetzt, hat das eine ganz natürliche Konsequenz: Das Streben nach Unabhängigkeit wächst und damit die Verstrickung in das »Nichtige«. Paulus wollte diesem Verfall vorbeugen und ermahnte seine Leser: »Sagt Gott Dank allezeit!« (Eph. 5,20)

Auch wenn wir die Psalmen lesen, fällt uns auf, daß der Dank eine große Rolle spielt. Sooft der Beter der Psalmen über die Wunder Gottes nachdenkt, verwandelt sich dieses Denken in Dank. Und wenn er in eine Schwierigkeit hineingerät oder vor einer scheinbar unlösbaren Situation steht, erinnert er sich an die vergangenen Erfahrungen. So wird ihm aufs neue bewußt, daß dieser Gott sich nicht geändert hat. Mit diesen Gedanken kann er sich selbst therapieren:

Warum bist du bekümmert, meine Seele,
und bist so unruhig in mir?

Warte auf Gott,
denn ich werde ihm noch danken für seine Hilfe.
Er ist noch immer mein Gott . . .
(Psalm 42,12)

Mit anderen Worten: Denke doch daran, was Gott getan hat! Erinnere dich, wer dieser Gott ist. Glaubst du wirklich, dein Problem wäre für ihn zu schwierig?

Denken und danken stehen offensichtlich in einem engen Zusammenhang. So wollen wir nach-denken und dann das, was wir wahrnehmen, in Dank ummünzen. Wenn das, was wir sehen, uns zum Danken führt, wird alles in die richtige Perspektive gerückt.

Sooft wir von Angst eingeholt werden und unser Mühen aussichtslos oder hoffnungslos erscheint, gehen wir von unseren Möglichkeiten aus. Durch den Dank sollen wir lernen, über uns selbst hinaus zu blicken auf den, der größer ist als wir. Und je mehr wir uns mit der Größe Gottes befassen, desto intensiver befassen sich unsere Gedanken mit dieser unerschöpflichen Quelle unserer Kraft.

Damit wollen wir nicht unsere Probleme herunterspielen. Gott nimmt uns ernst. Er geht auf unsere Not ein. Er ist der barmherzige Vater.

Aber wir sollen lernen, nicht bei dem Problem stehenzubleiben, denn dann würde dieses Problem zum Zentrum unseres Denkens. Wir sollen damit umgehen lernen in der Weisheit und Kraft, die er schenkt.

Nun mag einer einwenden: »Wenn ich das Elend in dieser Welt sehe, den Krieg und die Ungerechtigkeit, wie kann ich dann danken? Auch wenn ich selbst vom Leid verschont bin und nicht direkt zu den Betroffenen gehöre, wie kann ich dann dafür danken, daß es mir gut geht, einem anderen jedoch schlecht?«

Es gibt Fragen, auf die wir keine Antwort haben; aber das ist nicht entscheidend. Wichtiger ist, daß einer da ist, der die Antwort weiß. Und ihm können wir all unsere Probleme zu Füßen legen. Er ist der Schöpfer Himmels und der Erde. Der Schöpfer des Universums. Unser Schöpfer. Aber mehr noch: Er ist unser Vater, der uns besser kennt, als wir uns selbst kennen. Er hat sogar die Haare auf unserem Haupt gezählt. Sollte der Gott, der Himmel und Erde gemacht hat, ratlos sein?

Wir dürfen uns und alles, was uns beschwert, den Händen Gottes anvertrauen und mit seinen Möglichkeiten rechnen und daran festhalten, daß Er uns liebt.

Je mehr wir das praktizieren, desto größer wird unsere Dankbarkeit.

Wir wollen daher lernen, die Dinge um uns herum bewußt wahrzunehmen, und dann das, was wir sehen, in einen Dank kleiden.

Vermutlich wurden die meisten von uns als Kinder angeleitet, für ein Geschenk zu danken. Das war ein Training, bis das Wörtchen »danke« später ganz selbstverständlich wurde.

Aber wir nehmen oft einen neuen Tag entgegen, ohne ein Wort des Dankes an Gott zu richten. Dabei geht es nicht um eine eilig geleistete Pflichtübung mit Hilfe vorgefertigter Texte. Dieser Dank soll bewußt formuliert werden – auch dann, wenn wir uns fremder Texte bedienen. Wenn wir diese Texte bewußt nachsprechen, sie uns damit zu eigen machen, erst dann kann in uns eine Veränderung geschehen.

So ist der vor Ihnen liegende Wochenkurs eine schlichte Anleitung zur Dankbarkeit und damit eine Einführung in das Vertrauen. Das eine hängt mit dem anderen zusammen: Aus der Dankbarkeit erwächst jenes Vertrauen, das auch wieder hoffen läßt und ganz neue Perspektiven schenkt.

Nun mag es sein, daß jemand so tief in seiner Mutlosigkeit gefangen ist, daß er einfach nicht fähig ist, sein Denken auf ein Thema zu lenken, das nicht unmittelbar mit seinem gegenwärtigen Problem in Zusammenhang steht. Solch eine dunkle Stimmungsphase, in der ein Mensch völlig von seinem negativen Denken beherrscht ist, kann Ausdruck einer depressiven Erkrankung sein. In dem Fall mögen Medikamente die nächstliegende Hilfe sein, damit das Grübeln gedämpft und der Betreffende wieder aufnahmefähig wird. Dann jedoch sollte ein neues Training beginnen.

Wer allerdings meint, durch diesen Kurs über einen Geheimcode zu verfügen, mit dem er gleichsam den »himmlischen Safe« knacken und Gott manipulieren kann, der irrt. Vielleicht sogar folgert jemand: »Wenn ich nicht genug danke, erhalte ich nicht das, was ich will; also muß ich noch mehr danken.« Solch ein berechnendes oder magisches Denken zerstört die Beziehung zu Gott. Gott läßt sich nicht einfangen und nicht nach unseren menschlichen Maßstäben berechnen. Er entzieht sich unserem Zugriff. Auch wenn wir den ganzen Tag dankten – wenn unser Motiv unrein ist, wird der Dank uns nichts einbringen. Dann werden wir nur Frustration ernten, die endlich in Bitterkeit und Aggression gegenüber Gott mündet.

Der Dank soll uns dahin führen, daß wir uns dem anvertrauen, der größer ist als unsere Probleme.


## Von der Schuld

Unsere Gesellschaft basiert auf dem Prinzip nehmen und geben. Wenn ich etwas empfange, muß ich in der Regel dafür zahlen. Das ist ein kaufmännisches Prinzip. Das kann auch auf das Rechtsverhältnis übertragen werden. Hier herrscht das Prinzip von Schuld und Sühne. Zugrunde aber liegt ein Maßstab, ein unumstößliches Gesetz.

Dieses Gesetz regelt unser Verhalten. Eine Übertretung des Gesetzes bedeutet ein Vergehen oder eine Schuld und hat Bestrafung zur Folge. Das gilt im wirtschaftlichen Bereich. Und das gilt in moralischer Hinsicht. Immer aber geht es um den Ausgleich, das Gleichgewicht.

Wenn ich etwas gestohlen habe oder ein anderer durch mich auf andere Weise geschädigt wurde, muß ich für den Schaden aufkommen. Die Buße, die ich zahlen muß, wird nach der Höhe des Schadens errechnet. Auf diese Weise wird dem Gerechtigkeitsempfinden Genüge getan.

Dieses Gerechtigkeitsempfinden ist ein innewohnendes Gesetz, das allerdings von Kultur zu Kultur unterschiedlich aussehen und auch durch Erziehung oder Gewöhnung manipuliert werden kann.

Nun gibt es aber ein Gesetz, dem alle Menschen unterworfen sind; das ist das Grundgesetz Gottes, die Zehn Gebote, die Gott dem Menschen zur Lebensorientierung gegeben und Jesus in der Bergpredigt interpretiert hat.

Dieses Grundgesetz Gottes ist zugleich das Lebenselement des Menschen. Es basiert auf der Liebesbeziehung zwischen Gott und Mensch. Durch Mißachtung dieses Gesetzes wird die Beziehung unterbrochen. Damit aber ist der Mensch abgeschnitten von dem Element, das ihn zum Leben befähigt.

Ganz gleich, ob dieses Vergehen schwerwiegend ist oder nur ein scheinbar geringes, das Ergebnis bleibt dasselbe. Wer auch kann beurteilen, ob Ehebruch geringer gewertet werden kann als Mord, oder ob Diebstahl weniger verachtenswürdig ist als eine Lüge, oder ob das Geltungsstreben des Menschen weniger wiegt als das leichtfertige Spielen mit dem Namen Gottes. Ob es die Verachtung ist, mit der wir unsere Eltern strafen, oder die Gleichgültigkeit, mit der wir den Sonntag zum Arbeitstag machen, ob wir über unseren Nächsten Lügen verbreiten oder nach dem schielen, was ein anderer besitzt – jedesmal ist der Mensch an der Liebe schuldig geworden. An der Liebe zu Gott und an der Liebe zum Nächsten.

Die Liebe ist die Erfüllung des Gesetzes; denn wenn ich Gott liebe, werde ich keine anderen Götter neben ihm haben. Dann werde ich seinen Namen heilig halten. Dann wird es mein Verlangen sein, ihm zu gefallen. Dann werde ich auch meinem

Nächsten in Liebe begegnen; ich werde nichts tun, was ihn unnötig verletzt. Ich werde auch nicht etwas an mich reißen, was mir nicht gehört, um mich selbst zu bereichern. Denn Gott ist Liebe.

Schuld ist nicht die Auflistung all der kleinen und großen Verfehlungen; es ist die Einstellung des Menschen, durch die er Gott schuldet, was Gott selbst überreichlich gibt: Liebe.

Ein Mensch, der einem bestimmten Maßstab nicht gerecht geworden ist, fühlt sich in der Regel schuldig. Mit dieser Schuld muß er sich irgendwie auseinandersetzen. Und er versucht, auf mancherlei Weise mit seiner Fehlleistung fertig zu werden. Er verdrängt, überspielt, verbiegt den Maßstab, um nicht als schuldig dazustehen – oder aber er erkennt den Maßstab an. Er bekennt sich schuldig.

Das Gesetz will nicht zur Selbstgerechtigkeit verleiten, sondern es will uns zu der Lebensquelle zurückbringen, damit wir wieder an diesen Lebensstrom angeschlossen werden.

Wer je versucht hat, dem hohen Maßstab Gottes zu entsprechen, der weiß, daß er aus eigener Kraft dem Gesetz nicht genügen kann. Weil das der Mensch von sich aus nicht fertig bringen konnte, hat Gott selbst eingegriffen und diese Niederlage des Menschen in einen Sieg verwandelt, einen Triumph der Liebe.

Die Aufgabe des Menschen ist nun, diese Liebe anzuerkennen und sie an sich geschehen zu lassen.


## Vom Bekennen

Selbstanklagen bringen uns nicht weiter; sie sind vielmehr eine Vergeudung an Kraft, die wir für andere Dinge nötiger brauchen, und an Zeit, die wir mit nutzvollerem Inhalt füllen könnten. Statt dessen sollen wir uns zu dem, was wir falsch gemacht haben, bekennen.

Das Bekennen war eine viel geübte Praxis im Volk Israel. Immer wieder hat Gott sein Volk dazu ermutigt und aufgefordert, die Sünde zu erkennen, d.h. sich dazu zu stellen (3. Mose 4 und 5). Es war eine Art Selbstjustiz, um dem Gerichtsurteil vorzubeugen, und zugleich die Voraussetzung für einen Neuanfang.

Wenn ich meine Schuld bekenne, erkenne ich den göttlichen Maßstab als bindend an und unterstelle mich dem Urteil. Das Gesetz steht also über mir. Nicht ich bin der Maßstab meines Verhaltens, sondern mein Verhalten wird an der selbstlosen Liebe gemessen.

Wenn ich schuldig geworden bin, so bin ich an der Liebe schuldig geworden und habe dem Maßstab der Liebe nicht entsprochen. Diese Tatsache muß ich anerkennen und mich dazu stellen, d.h. ich bekenne, wo ich schuldig geworden bin.

Das Bekenntnis stellt aufs neue die Verbindung wieder her mit der Liebe, indem mir die Vergebung zugesprochen wird, die Jesus Christus durch seinen stellvertretenden Tod ermöglicht und durch seine Auferstehung besiegelt hat.

Je mehr Licht in einen Raum fällt, desto mehr sehen wir den Staub. Wer an einem strahlenden Sonnentag einen Raum betritt, kann feststellen, daß nicht nur die Fensterscheiben von einem grauen Film überzogen sind, sondern daß der Staub überall im ganzen Raum auf den Sonnenstrahlen tanzt. Wenn es dagegen finster ist, sehen wir keinen Schmutz.

Das können wir auch auf das Geistliche übertragen. Je mehr wir in der Gegenwart Gottes leben, desto empfindsamer reagieren wir auf Schuld. Da können wir einfach nicht so tun, als wäre alles in Ordnung. Selbst scheinbar unbedeutende Dinge werden zu einer großen Last.

Aber wir haben die Möglichkeit abzugeben. Aufzuräumen. Klarheit zu schaffen. Und zwar sofort. »Verzeih. Das war nicht gut.«

Gott kennt unsere Gedanken, noch bevor sie sich in uns gebildet haben. Dennoch ist es für uns eine Hilfe, sie vor Gott auszusprechen.

Sobald uns etwas bewußt geworden ist, was nicht der Liebe entsprach, können wir uns an Gott wenden mit der Bitte: »Verzeih, Herr. Gib mir ein neues Denken. Eine neue Liebe. Ich will nicht dieses alte Muster beibehalten. Doch ich schaffe es nicht aus eigener Kraft. Ich will dir Raum geben.«

Aber es gibt auch Schuld, die wir vor Menschen bekennen müssen, und zwar dann, wenn wir an einem anderen Menschen schuldig geworden sind.

Über Schuld soll nicht diskutiert werden. Es hilft auch nicht, nach mildernden Umständen Ausschau zu halten. Schuld bleibt Schuld.

Wann immer uns etwas einfällt, was die Beziehung zu einem anderen stört, ist es ratsam, diese Angelegenheit direkt in Ordnung zu bringen. Ein Anruf kann bereits genügen. »Verzeih, ich habe nicht richtig gehandelt.« Es ist nur eine kleine Hürde zu nehmen, wir brauchen gar nicht auf einen Termin bei einem Seelsorger zu warten.

Auch das gibt es, wenn die Verstrickung so tief ist, daß ein Mensch allein nicht mehr zurecht kommt. Da braucht er die Hilfe eines anderen. Doch zumeist kann eine Reinigung spontan an Ort und Stelle geschehen. Das erspart viel Kummer.

Grundsätzlich gilt, daß der Schmutz, der einmal in den Müll gekehrt wurde, nicht wieder hervorgeholt werden soll. Was einmal ausgeräumt wurde, bleibt im Müll. Wenn jedoch derselbe Dreck erneut die Seele beschmutzt hat, ist es etwas anderes, dann müssen wir uns erneut dazu stellen.

Nun begegne ich immer wieder Menschen, die stehen unter einem Bekenntniszwang. Sie haben ein chronisch schlechtes Gewissen. Und wenn sie gebeichtet haben, befällt sie die Befürchtung, nicht gründlich genug gebeichtet zu haben oder nicht aufrichtig genug gewesen zu sein. Eigentlich war es ja noch anders, und wieder ist auch das nicht ganz der Wahrheit entsprechend. Also müssen sie noch einmal beichten.

Aber selbst dann werden sie irgendeinen Grund finden, der

ihr Bekenntnis ungültig macht. So werden diese Menschen nie frei. Sie laufen von einem Seelsorger zum anderen, um stets dieselben Vergehen zu beichten. Nicht weil sie vom Heiligen Geist von ihrer Sünde überführt wurden, sondern aus Angst. Da hat das Bekenntnis einen magischen Charakter.

Die Folge aber ist, daß sie sich unentwegt um sich selbst und ihre Schuld drehen, anstatt Gott für die Vergebung, die er uns in Jesus Christus angeboten hat, zu danken.

Aber wie, wenn einer die Vergebung einfach nicht annehmen kann? Es gibt Menschen, die schleppen sich jahrelang mit ihrer Schuld herum. Obwohl sie mehr als einmal ihre Schuld bekannt und ihnen auch die Vergebung zugesprochen wurde, können sie doch die Vergebung nicht akzeptieren. In dem Fall kann es eine Hilfe sein, jetzt in Ihrem Heft dieses Problem festzuhalten und dann durchzustreichen und dahinter das heutige Datum mit dem Vermerk setzen: vergeben am . . . nach 1. Johannes 1,9:

> Wenn wir unsere Sünden bekennen, so ist er treu und gerecht, daß er uns die Sünden vergibt und reinigt uns von aller Ungerechtigkeit.

Und sooft dann der Gedanke erneut aufkommt, kann darauf hingewiesen werden, ohne sich in eine innere Diskussion verwickeln zu lassen. Wir brauchen nicht mehr darauf einzugehen, statt dessen können wir uns auf die »bezahlte Rechnung« berufen. Eine Diskussion in dieser Sache ist eine Kraft- und Zeitverschwendung.

Wer dennoch weiter über seine Schuld nachdenkt, macht Gott zum Lügner, denn er hat uns zugesagt, daß er unsere Schuld vergibt, wenn wir sie vor ihn bringen.

Nun kann ständiges Hervorholen alter Schuld unter Umständen auch krankhaft sein. Es hat mit einem Zwangsdenken zu tun; dennoch kann manches Mal eine ganz simple Methode, wie wir sie hier beschreiben, eine Hilfe werden.

Wie jedoch, wenn ein chronisches Schuldgefühl so tief in einem Menschen verankert ist, daß es beinahe sein Charakter geworden ist? Solch ein tiefsitzendes Schuldbewußtsein finden wir bei zwanghaften oder auch depressiven Persönlichkeitsstrukturen. Wenn wir genauer hinhören, stellen wir häufig fest, daß es durch ein falsches Denken erlernt wurde.

Hier kann dann nicht mehr von einer realen Schuld gesprochen werden, vielmehr von einer Schuldidee, die sich wie ein Wahn festgesetzt hat und durch die ständige Selbstanklage immer wieder neu genährt wird.

Woran können wir erkennen, ob es sich um eine reale Schuld handelt oder ein psychisch krankhaftes Geschehen?

Schuldgefühle spielen bei jeder depressiven Erkrankung eine große Rolle, wobei es zu unterscheiden gilt, ob eine echte Schuld vorliegt, durch die eine Depression ausgelöst wurde, oder ob die Schuldidee Symptom der Erkrankung ist.

Der Betreffende selbst ist zumeist nicht in der Lage, das zu unterscheiden. Doch ein Außenstehender, der diesen Menschen beobachtet, kann sehr bald herausfinden, ob eine Schuld vorliegt oder nicht.

Wenn ein Mensch immer und immer wieder zur Beichte geht, ohne von seiner Schuld frei zu werden, muß durch eine bewußte Absage und Kehrtwendung eine neue Blickrichtung eingeübt werden. Nicht mehr das, was an Untiefen in einem Menschen schlummert oder sich offen zeigt, ist Gegenstand der Betrachtung, sondern das, was Gott getan hat durch Jesus Christus. Da muß der Mensch zum Danken geführt werden, um von sich selbst loszukommen.


## Von der Vergebung

Die Vergebung hat zwei Aspekte: Wenn mir vergeben wird, bin ich der Empfangende, und wenn ich vergebe, bin ich derjenige, der austeilt. Immer aber ist die Basis die Liebe.

Weil ich von Gott geliebt bin, ist mir vergeben. Und weil ich von der göttlichen Vergebung lebe, kann auch ich vergeben.

Aber es gibt Menschen, die halten an ihrer Anklage fest. Um das eigene Versagen zu rechtfertigen, wird die Schuld dem anderen zugeschoben. Da sind die Eltern. Da sind die Lehrer. Die Kirche. Die Gesellschaft. Der Staat. Immer ist es der andere, der auf die Anklagebank gezerrt wird, um für den eigenen Schaden zu zahlen. Als hätte man selbst ein Recht auf Wiedergutmachung.

Ich kenne Menschen, die steigern sich derart in die Vorstellung hinein, daß andere an ihnen schuldig geworden sind, daß sie die ganze Welt anklagen. Sie fordern ihr Recht. Sie fordern Vergeltung. Sie fordern Sühne. So listen sie alle Fehler des anderen auf und bestehen darauf, daß der andere zahlt.

Wie viele negative Erinnerungen werden gespeichert und immer wieder aufs neue hervorgeholt! Und diese negativen Erinnerungen sind wie ein Fäulnisherd, der langsam um sich frißt.

So fängt der Mensch an aufzulisten: »Als ich vier Jahre alt war, ist mir jenes Unrecht geschehen . . . Und als ich fünf war, wurde mir dies und das angetan . . . Und mit sechs . . .«

All die Verletzungen werden immer wieder aufs neue genährt. Und schließlich sind sie zu einem Schatz geworden, den man eifersüchtig bewacht, den man nicht mehr verlieren möchte.

Damit aber wird die Bitterkeit betoniert.

»Und vergib uns unsere Schuld, wie auch wir vergeben unseren Schuldigern«, lehrt Jesus seine Jünger beten. Und noch einmal warnt er eindringlich davor, mit einem unversöhnlichen Herzen im Gebet zu Gott zu kommen. Solch ein Gebet wäre ein Hohn. Wie sollte Gott da hören?

Sooft ich mit einem tief verbitterten oder gekränkten Menschen über die Vergebung spreche, ist die erste Reaktion: »Das kann ich nicht. Das ist unmöglich!« Und es ist in der Tat – menschlich gesehen – unmöglich. Wir sind einfach nicht in der

Lage, aus eigener Kraft dieses Gebot Jesu zu praktizieren. Das ist eine nüchterne Bilanz und bittere Wahrheit über uns selbst. An diesem Punkt lernen wir uns selbst kennen, wie wir sind: Voller Rachegelüste; denn wir leben noch immer nach dem Prinzip Schuld und Sühne.

Aber wer sind wir selbst? Hat nicht unsere Schuld Jesus das Leben gekostet? An ihm wurde stellvertretend das Todesurteil vollstreckt, das eigentlich uns galt. Durch sein Sterben wurde unsere Schuld gesühnt. Seitdem gilt ein anderes Prinzip: nicht mehr Schuld und Sühne, sondern Schuld und Vergebung.

Meine Schuld hat Jesus das Leben gekostet. Ich kann nichts zurückzahlen. Ich darf mich beschenken lassen. Mir ist vergeben, weil ich geliebt bin.

Wer sich aber von Gott geliebt weiß, kann lieben. Und wer selbst von der Vergebung lebt, wird auch anderen vergeben.

Im Hebräischen »nasa« = erlassen von Schuld klingt der Begriff »tragen« mit. Vergeben hat also mit Tragen zu tun. Und genau das hat ja Jesus getan. Er hat das Kreuz, das eigentlich unser Kreuz war, auf sich genommen. So geht die Vergebung über das Kreuz. Ohne diesen Prozeß des Sterbens ist keine Vergebung möglich.

Auferstehen setzt Sterben voraus. Auferstehen aber ist nicht ein Wiederaufleben der alten Vergangenheit, es ist ein Neuanfang. Neues Leben.

Der Preis für dieses neue Leben ist eine besondere Art von Sterben.

Das ist Selbstverleugnung. Verzicht auf die Durchsetzung des eigenen Rechts.

Jesus sagt: »Wer mit mir gehen will, der verleugne sich selbst und nehme sein Kreuz auf sich und folge mir nach. Wer sein Leben retten will, der wird es verlieren. Wer aber sein Leben um meinetwillen verliert, der wird es finden.«

Wer sein Recht einklagt und darauf besteht, sich für dieses

oder jenes Unrecht zu rächen, der verliert alles. Vergebung erhalten und Vergebung gewähren – darum geht es.

Weil Gott in Jesus mich Sünder gerecht gemacht hat – deshalb geht es.

Wenn wir das erkennen, können wir mit Freuden alle Rechthaberei, alle unsere Rachegedanken fahren lassen, um mit Christus zu leben.

An diesem Abend vor dem eigentlichen Kursbeginn wird solch eine Inventur Zeit beanspruchen, denn es geht um eine Generalreinigung. Doch sollten wir nicht anfangen, ängstlich in uns herumzuwühlen, um nichts zu vergessen. Dann drehen wir uns letztlich wieder nur um uns selbst.

Jetzt öffnen Sie sich Gott mit der Bitte: »Herr, ich übergebe dir mein Leben mit allem, was ich bin und habe. Ich danke dir, daß du mich nicht zurückweist. Ich danke dir, daß du mich liebst. Ja, ich danke dir, daß du mich nicht aufgibst.«

Beten Sie diese wenigen Sätze ruhig mehrmals langsam hintereinander, bis Sie wissen: Ja, ich bete zu Gott, der mir hilft.


# Das Chaos ordnen –
# Am Abend vor dem ersten Tag

Wir beginnen am Abend mit dem Einstieg, weil der Abend am ehesten dazu geeignet ist, über sich selbst nachzudenken. Die Tagesarbeit ist abgeschlossen. Der Fernseher schweigt. Die Kinder sind im Bett. Sie sind allein.

Bitte legen Sie ein Schreibheft bereit und einen Stift, um jeweils einige Gedanken festhalten zu können. Dann setzen Sie sich entspannt in einen Sessel: Sie schließen Ihre Augen und lassen Ihre Gedanken einige Minuten schweifen. Versuchen Sie dabei nicht, Ihre Gedanken zu steuern.

Es mag sein, daß negative Gefühle auf Sie einstürzen und Sie zu erdrücken drohen. Die Bilder dieses Tages verfolgen Sie noch immer. All die Begegnungen nehmen Ihre Gedanken gefangen. Es gelingt Ihnen einfach nicht, das, was war, abzustreifen.

Nun hat jeder von uns eine eigene Methode entwickelt, um mit Problemen umzugehen. Der eine schaltet den Fernseher ein, um sich abzulenken, zu vergessen. Ein anderer versucht, mit einem Schluck Alkohol seinen Unmut hinunterzuspülen. Wieder ein anderer glaubt, durch einen Angriff die heimliche Selbstanklage zum Schweigen zu bringen, oder er bemüht sich, über das Problem hinwegzugehen, als wäre nichts gewesen. Es ist dadurch nicht gelöst, sondern nur für eine gewisse Zeit aus dem Bewußtsein verdrängt, und irgendwann macht es sich wieder bemerkbar.

Wer versucht, sich abzulenken, wird ein Problem nicht lösen; und wer versucht, sich zu betäuben, schadet nur sich selbst. Aber auch das Geschehene zu verdrängen, bringt keine Lösung. Vielleicht gelingt es, das eine oder andere Erlebnis zurückzudrängen; doch im Unbewußten schwelt es weiter. Denn es hat unsere Emotionen berührt. Und ein Geschehnis, an dem wir emotional beteiligt waren, läßt sich nicht abschütteln.

Wie wir aus der wissenschaftlichen Forschung wissen, sind in unserem Gehirn Gedanken und Gefühle über eine komplizierte Schaltzentrale der Nervenfasern mit unserem Gedächtnis verbunden. Noch Jahre später kann bei einer ähnlichen Situation die gleiche Empfindung als gefühlsmäßige Reaktion hervorgerufen werden. Ja, oft genügt ein bestimmter Code, um diesen ganzen Gefühls-Mechanismus erneut in Gang zu setzen. Die Situation kann anders sein; aber ein Teilchen – vielleicht ein Geruch, ein Geräusch, ein Stichwort – und schon taucht in unserer Erinnerung das alte Gefühl auf. Das Ereignis kann längst aus unserem Bewußtsein verschwunden sein. Doch im Unterbewußtsein lebt es weiter. Und plötzlich reagieren wir deprimiert – und wissen selbst nicht, warum. Dieser Mechanismus läuft ganz automatisch ab, ohne daß wir bewußt steuern.

Wenn wir diesen Zusammenhang erkennen, können wir unsere Gefühle besser einordnen und anfangen, neue, gute Erinnerungen zu speichern.

Vielleicht schleppen Sie schon viele Jahre eine geheime Last mit sich herum. Sie sind überzeugt, eine falsche Entscheidung vor 6-10-25 Jahren habe Sie in die Erfolglosigkeit geführt, unter der Sie und Ihre Familie jetzt leiden. Da sind all die Hoffnungen, die sich nicht erfüllt haben. Das vergebliche Mühen. Sie fühlen sich allein gelassen.

Nun fangen Sie zunächst einmal an, dieses innere Chaos zu ordnen.

Wenn wir vor einem Schutthaufen stehen, beginnen wir nicht damit, den Berg abzuräumen, indem wir die untersten Steine hervorzerren. Wir fangen ganz oben an. Ein Stein nach dem anderen. Und das wollen wir jetzt miteinander praktizieren.

Bitte nehmen Sie Ihr Arbeitsheft zur Hand und schreiben Sie den ersten Gedanken auf. Ohne Kommentar.

Vielleicht ist es ein Verlust, mit dem Sie nicht fertig werden. Vielleicht eine Enttäuschung. Vielleicht sind es Selbstvorwürfe, die Sie gefangen halten. Vielleicht hatten Sie mit Ihrem Partner Streit . . . Was auch immer, schreiben Sie den ersten Gedanken auf, der Ihnen in den Sinn kommt, und dann den zweiten, dritten . . .

Erfahrungsgemäß liegen die meisten Schwierigkeiten im zwischenmenschlichen Bereich, so daß immer ein anderer Mensch mit einbezogen ist.

Aber ganz gleich, um welch eine Situation es sich handelt – das Prinzip kann überall angewandt werden.

Es geht darum, daß wir uns einer Sache stellen und möglichst distanziert das Problem sehen, ohne uns von unseren Emotionen mitreißen zu lassen.

Nehmen wir ein Beispiel: Sie haben eine Enttäuschung am Arbeitsplatz erlebt. Sie fühlen sich übergangen. Sie resignieren und fühlen sich wertlos. Ja, vielleicht werden Sie von dem Gefühl überwältigt, als hätte alles keinen Sinn mehr. Als würde es nie wieder anders werden.

Lassen Sie sich jetzt nicht noch tiefer in dieses schwarze Loch hinunterziehen! Greifen Sie einen Gedanken nach dem anderen heraus und schreiben Sie ihn in das Heft, und zwar in der linken Spalte den negativen Gedanken, dann rechts daneben Ihre Lösung.

Ich bin ein Versager. Niemand
will etwas mit mir zu tun haben.
Was ich auch unternehme, mißlingt.
Ich habe keinen Mut mehr, etwas anzufangen.
Ich möchte am liebsten aufgeben.

Jetzt werden Sie noch konkreter. Versuchen Sie, die Ursache Ihrer Verletzung genauer zu definieren, etwa:

Ich habe mich um einen besseren
Posten beworben, doch jetzt hat ihn
ein jüngerer Kollege erhalten.

Der nächste Schritt wäre, daß Sie die Tatsache als solche akzeptieren und sich fragen: Was wollte ich erreichen?

Ich hatte gehofft, durch einen
neuen Posten größere Freiheit
zu haben / mehr Anerkennung zu erhalten /
mehr Geld zu verdienen / ich wollte beweisen,
daß ich mehr bin als . . .

Auf diese Weise können Sie Punkt für Punkt das Chaos in Ihnen auseinandernehmen. Ganz aufrichtig, ohne sich selbst zu schonen. Ohne Angst, ein anderer würde davon erfahren. Es ist ein Gespräch mit Ihnen selbst. Niemand ist Zeuge dieses Gespräches. Darum – seien Sie schonungslos offen mit sich selbst und decken Sie auch Ihre heimlichsten Motive auf!

Wenn Sie diese beunruhigenden Gedanken aufgeschrieben haben, versuchen Sie, in der anderen Spalte Punkt für Punkt ein Gegenargument zu finden, also ein Argument, das stets einen positiven Aspekt aufzeigt. Etwa folgendermaßen: Links die aktuelle Situation und Ihre spontane Überlegung:

Ich bin ein Versager.

Rechts versuchen Sie, die reale Situation von einer anderen Perspektive aus zu betrachten, also:

> Ich gebe zu, dieser Versuch ist mir nicht gelungen; aber an dieser Erfahrung kann ich lernen, auch mit einer Kränkung umzugehen. Ein mißlungener Versuch bedeutet nicht, daß ich ein Versager bin. Auch anderen gelingt nicht immer alles.
> Ich muß lernen, eine Niederlage einzustecken, ohne mich noch zusätzlich selbst zu verletzen.

Dann nehmen Sie das nächste Argument:

Niemand will etwas mit mir zu tun haben.

Rechts wieder die Gegenüberstellung:

> Das ist eine Verallgemeinerung, die nicht zutrifft.
> Ich projiziere vielmehr meine eigene Befürchtung auf andere.

Der nächste Punkt:

Was ich auch unternehme,
alles mißlingt mir.

Die Korrektur:

> Es gibt durchaus Dinge, die mir gelingen . . . Wenn ich so negativ reagiere, geschieht es aus meinem verletzten Stolz heraus.

Ich will mich selbst für meine Niederlage bestrafen und zugleich den anderen treffen. Es ist meine Rache.
Mir ist schon viel gelungen – das weiß ich –, das weiß meine Umgebung.

Der nächste Punkt, wieder links:
Ich habe keinen Mut mehr,
etwas anzufangen. Ich möchte
am liebsten aufgeben.
Rechts die Korrektur:
Ich will etwas Positives aus dieser Situation machen und nicht bei dem Mißerfolg bleiben, vielmehr da weitermachen, wo ich bin.

»Ich bin ein Versager – niemand will etwas mit mir zu tun haben« –, das ist ein negatives Selbstkonzept, das korrigiert werden muß. Dieses Selbstkonzept ist durch viele Ereignisse, viele Enttäuschungen entstanden. Eine oberflächliche Korrektur wird keine echte Veränderung schaffen, vielmehr muß allmählich ein neues Denken eingeübt werden. Das aber setzt voraus, daß wir uns selbst kennenlernen. Wir müssen ehrlich werden gegen uns selbst und erkennen, warum wir so oder so reagieren.

Wenn jemand sagt: »Ich bin ein Versager«, so kann sich dahinter ein verletztes Selbstwertgefühl verstecken, d.h. sein Stolz ist getroffen.

Handelt es sich um Kleinigkeiten des Alltags, so ist es ein gutes Training zu lernen, mit der eigenen Kränkbarkeit umzugehen. Ja, wir können sogar sagen:
»Danke, Herr, daß ich in diese Situation hineingekommen bin. – Nun will ich damit umgehen lernen . . .«
Aber vielleicht sind es noch ganz andere Gedanken, die in Ihnen ein Gefühlschaos auslösen. So greifen Sie den ersten Punkt her-

aus und verfahren mit ihm auf die gleiche Weise, indem Sie links den negativen Gedanken festhalten und ihm dann in der rechten Spalte durch ein positives Gegenargument widersprechen.

Dabei können Sie durchaus Dinge nennen, die vom Standpunkt des anderen auch zu Ihren Lasten sprechen. Geben Sie Ihre Fehler zu und versuchen Sie, die Angelegenheit mit den Augen des anderen zu sehen. Zählen Sie ganz ehrlich das auf, was auch zu Ihren Lasten spricht; denn häufig liegt die Schuld nicht nur bei dem andern.

Es geht nicht darum, daß Sie Recht erhalten und den anderen – bzw. jetzt in Ihrem Heft sich selbst – von Ihrer Unschuld überzeugen. Es geht um eine sachliche Auseinandersetzung und darum, daß Sie das, was Sie falsch gemacht haben, in Ordnung bringen, vielleicht sogar – wenn es sich um gravierende Dinge handelt – in Gegenwart eines Dritten. Um zu einer sachlichen Klärung zu kommen, müssen beide Seiten gehört werden.

Was gewesen ist, können wir nicht ungeschehen machen; aber dadurch, daß wir offen zu unseren Fehlern stehen, arbeiten wir positiv an einer Veränderung.

Doch jede Auseinandersetzung sollte auf der Basis der Vergebung geschehen, nicht in Bitterkeit und Empörung. Nach den Worten des Paulus:

Laßt keine Bitterkeit und keinen Ärger in euch aufkommen, auch keinen Zorn, und schreit euch nicht an, lästert auch nicht, seid nicht hinterhältig, vielmehr geht freundlich miteinander um und seid herzlich zueinander und vergebt einer dem anderen, so wie auch Gott euch vergeben hat in Christus. (nach Eph. 4,32)

Ich wünsche Ihnen eine gute Nacht.

# II. Teil

# Der erste Tag

Im Anfang schuf Gott Himmel und Erde.
Und die Erde war wüst und leer,
und es war finster auf der Tiefe;
und der Geist Gottes schwebte auf dem Wasser.
Und Gott sprach: »Es werde Licht!«
Und es ward Licht.
Und Gott sah, daß das Licht gut war.
Und Gott schied das Licht
von der Finsternis.
Und Gott nannte das Licht Tag,
und die Finsternis nannte er Nacht.
Da ward aus Abend und Morgen
der *erste Tag*.

Tagesthema:
# Das Licht durchbricht die Finsternis

## Erster Tag – am Morgen

Gott ist der Schöpfer, der das Licht gerufen hat. Wenn er spricht, wird es hell. Auch in uns. So öffnen wir uns, damit sein Wort die Finsternis in uns verdrängt.

Ohne Licht gibt es kein Wachstum. Das Licht weckt die verborgenen Kräfte. Das Licht deckt auf.

»Dein Wort ist ein Licht auf meinem Weg«, sagt der Psalmist (Ps. 119,105). Und Jesus sagt von sich selbst: »Ich bin das Licht der Welt« (Joh. 8,12).

Wenn dieses Licht in unser Leben fällt, können wir uns nicht länger verstecken. Da wird das Verborgene sichtbar. Auch das, was wir gerne geheimhalten möchten.

Wir wollen uns an diesem Morgen bewußt dem göttlichen Licht öffnen, damit es unser Inneres durchleuchtet.

Wie? Indem wir uns an den allgegenwärtigen Gott wenden und ihm Einblick in unsere dunklen Nischen gewähren. Wir können die Worte Davids benutzen – etwa den 139. Psalm – oder mit unseren eigenen Worten den Gedanken des Psalms folgen:

O Gott, du bist unaussprechlich groß.
Du kennst mich.
Du durchschaust all meine Motive.
Du weißt, was ich denke.
Du weißt, was ich erhoffe.
Ich bin wie ein aufgeschlagenes Buch vor dir.

Was immer ich tue und wo immer ich bin,
du umgibst mich.
Dir ist nichts verborgen.

Bevor ich auch nur ein Wort ausspreche,
weißt du bereits, was ich sagen will.

Es gibt für mich kein Entrinnen.
Blicke ich nach oben – du bist da.
Blicke ich zur Seite – du bist da.
Wie soll ich das begreifen?
Deiner Gegenwart kann ich nicht ausweichen.

Gibt es einen Ort,
an den ich fliehen könnte?
Einen Ort, an dem du nicht bist?
Würde ich in den fernsten Himmel fliegen –
du wärst da.

Selbst im Totenreich würde ich dir begegnen.
Wenn die Morgenröte mir ihre Schwingen liehe
und ich mich am äußersten Meer niederließe –
du würdest mich noch immer führen
und mich nicht aus deiner Hand lassen.

Wenn ich einen Bund mit der Finsternis einginge
und glaubte, dir entronnen zu sein,
dann würde dein Licht die Finsternis durchleuchten.
Die Nacht wäre wie der Tag.
Und das Dunkel leuchtend hell.

Du hast mich im Leib meiner Mutter geformt,
unter deinen Händen bin ich Mensch geworden.
Wenn ich darüber nachdenke,
kann ich nur staunen.
Du hast mich wunderbar gemacht.
Ich danke dir.

Wenn ich mich umblicke,
sehe ich all deine Werke
und weiß vor Verwunderung nicht,
was ich sagen soll.

Du hast mich gesehen,
als ich noch nicht vorhanden war.
Du hast mich aus dem Nichts ins Sein gerufen.
Längst bevor ich geboren wurde,
kanntest du mich
und wußtest, wie viele Tage du mir zugedacht hattest.

Wie sollte ich deine Gedanken verstehen?
Deine Weisheit kann ich nicht nachdenken.
Ich kann deine Wunder nicht fassen.
Das einzige, was ich weiß:
Ich bin bei dir.

Ach Gott, aber warum läßt du das Böse gewähren?
Warum schlägst du sie nicht auf ihr freches Maul?
Du hörst doch,
wie deine Feinde sich über dich lustig machen.

Ich spüre, wie ein heftiger Zorn in mir aufsteigt.
Sie reden über dich,
und wissen doch nichts.
Ich hasse dieses leichtfertige Geschwätz.

Mein Gott. Ich öffne mich dir.
Du sollst in mir lesen.
Ich will dir nichts vorenthalten,
es würde doch nichts bringen.

Ich will, daß dein Licht
mein Herz durchleuchtet
und auch der letzte Gedanke
von deiner Helligkeit durchdrungen wird.

Gib acht auf mich,
daß ich mich nicht verirre.
Führe mich auf deinem Wege,
dann werde ich in Ewigkeit mit dir leben.

In dem Bewußtsein der Gegenwart Gottes können wir aufatmen. Wir können uns loslassen. Wir werden nicht fallen. Gott ist da. Er umgibt uns von allen Seiten. Auch dann, wenn wir meinen, von Gott verlassen zu sein – er läßt uns keinen Augenblick aus den Augen. Er weiß, was wir denken. Er weiß, was wir fühlen. Und er weiß einen Weg.

So wird dieser erste Tag ein Tag der Erwartung. Ein Tag der Hoffnung. Ein lichter Tag.

Wenn wir jetzt Punkte des Dankes auflisten, sprechen Sie bitte Punkt für Punkt nach, damit Sie Ihre eigene Stimme hören und es so Ihr eigener Dank wird.

Dabei ist es nicht genug, das Wort der Hoffnung nur in den Gedanken kurz aufflackern zu lassen. Wir müssen es uns zu eigen machen. Es aussprechen.

Kann es sein, daß es leichter ist, etwas Negatives auszusprechen, als etwas Positives? Dann ist es an der Zeit, das Denken neu zu programmieren, damit auch das Reden neu wird.

Das Aussprechen ist eine alte Tradition. Immer wieder wurde das Volk Israel aufgefordert, »laut zu rufen«, »die Stimme zu erheben«, »den Jubel laut erschallen« zu lassen, die Freudennachricht »kund zu tun« . . .

All diese Äußerungen sind akustisch vernehmbar. Es geht also darum, das Wort der Hoffnung nicht in uns zu verschließen, sondern ein neues Bekenntnis einzuüben, bis es ein Teil unserer Persönlichkeit geworden ist.


Danke, Gott, für die vergangene Nacht.
Danke für diesen neuen Tag.
Danke . . .
–, daß du diese Welt erschaffen hast.
–, daß ich leben darf.
–, daß du da bist.
–, daß du dich nicht änderst.
–, daß dein Licht die Finsternis vertreibt.

–, daß ich mit dir reden kann.

–, daß du mich kennst.

–, daß du mich liebst.

–, daß . . .

In diesem Bewußtsein, daß Sie geliebt sind und daß Gott Sie von allen Seiten umgibt, können Sie den neuen Tag beginnen. Und wiederholen Sie immer wieder auch zwischendurch Sätze des Dankes. Beobachten Sie Ihren Tag und fangen Sie an, auch für Kleinigkeiten zu danken.

## Erster Tag – am Mittag

Unterbrechen Sie einen Augenblick Ihren gewohnten Arbeitsrhythmus und entspannen Sie. Wie diese Entspannung praktiziert wird, ist nicht entscheidend. Ob Sie sich dabei in einen bequemen Sessel setzen oder das Fenster öffnen, ob Sie draußen im Wald sind oder an Ihrem Arbeitsplatz – wichtig ist, daß Sie sich ganz bewußt ein paar Minuten Gott zuwenden und ihm Ihren Dank zuflüstern.

Versuchen Sie das, was Sie beschäftigt, beiseitezulegen, und denken Sie daran, daß Sie geliebt sind. Nicht aufgrund Ihrer guten Leistung, sondern weil Gott Sie gewollt hat. Sie sind ein Produkt seiner Liebe. Und aus dieser Liebe können Sie nie herausfallen. So dürfen Sie aufatmen und Ihre Seele weit öffnen – für Gott.

Denken Sie daran: Gott ist da. Er ist Ihnen nah. Seine Gegenwart erfüllt Himmel und Erde. Er ist der Allmächtige. Ihr Schöpfer.

Dieses Bewußtsein führt zum Dank.

Danke, Herr, für diesen Augenblick der Entspannung.

Danke, daß du da bist, auch wenn ich dich nicht sehe.
Danke . . .
-, daß du über deiner Schöpfung wachst.
-, daß alles geschieht, was du sagst.
-, daß die Nacht dem Tag weichen muß.
-, daß die Sonne die Erde erwärmt.
-, daß du dem Chaos ein Ende bereitet hast.
-, daß dein Wort Kraft ist.
-, daß . . .

Bleiben Sie eine kleine Weile bei diesem Dank - und bei dem
Bewußtsein: Gott ist da!


## Erster Tag - am Abend

Es ist Abend geworden. Noch einmal ziehen die Ereignisse des
vergangenen Tages an Ihnen vorüber. Ereignisse, die durch Ihre
Gedanken interpretiert werden.

Ein Erlebnis kann auf sehr unterschiedliche Weise ausgewer-
tet werden. Wenn wir negativ darauf reagieren, muß das noch
nicht bedeuten, daß dieses Geschehen - objektiv gesehen - negativ war. Je nachdem, wie wir eine Tatsache aufnehmen, von
welcher Perspektive her wir sie sehen, kann das Ergebnis sehr
unterschiedlich ausfallen.

Das Arbeitsheft liegt neben Ihnen. Nehmen Sie es wieder vor,
und halten Sie Ihre Gedanken fest, um ganz bewußt die innere
Diskussion verfolgen zu können.

Vielleicht scheuen Sie sich, persönliche Dinge aufzuschreiben, zumal wenn es sich um sexuelle Dinge handelt; dann bedenken Sie, es schaut Ihnen niemand über die Schulter. Aber es
ist gut, wenn Licht in eine Situation gebracht wird. Das Licht hat
einen heilenden Effekt.

Alles, was im dunkeln bleibt und in unserem Unterbewußtsein schwelt, wird unser Leben negativ beeinflussen. Darum sollten die Dinge, die uns belasten, hervorgeholt werden.

Vielleicht hatte sich folgende Situation abgespielt:

Als Ihr Mann am Morgen aus dem Haus ging, hatte er eine Bemerkung gemacht, durch die Sie sich verletzt fühlten. Die ganze Zeit über haben Sie überlegt, wie Sie ihm diese Verletzung zurückzahlen könnten. Sie waren voller Groll und Erbitterung. Sie dachten:

Er hat mir den Tag verdorben.

Ohne es zu merken, hat sich hier ein Denkfehler eingeschlichen. Wie ist es möglich, daß eine Bemerkung Ihren Tag verdirbt? Ist Ihre Ausgeglichenheit davon abhängig, wie ein anderer Ihnen begegnet. Dann machen Sie sich ja abhängig. Sind Sie nicht frei? Lassen Sie es nicht zu, daß Kleinigkeiten im Alltag solch eine Auswirkung haben. Fragen Sie sich statt dessen: Was kann ich tun?

> Ich verzeihe ihm, ob er von seinem Fehler überzeugt ist oder nicht. Und wenn er heute abend nach Hause kommt, will ich ihn mit irgendeiner Kleinigkeit überraschen. Vielleicht kann ich ihm sein Lieblingsgericht kochen.

Und dann versuchen Sie, irgendeinen Gedanken zu seiner Verteidigung zu finden, etwa:

> Vielleicht hat er eine Niederlage erlebt, die er mit sich herumträgt, und er kann sich mir nicht mitteilen. Vielleicht will er mich nicht belasten. Desto wichtiger ist es für ihn, daß ich ihm meine Liebe zeige.

Oder Sie beschließen:

> Ich will ihm sagen, daß ich verletzt war. Ich will offen mit ihm reden. Liebevoll.

Es mag sein, daß Sie in diesem Augenblick keine Liebe zu ihm empfinden; dann denken Sie daran: Liebe ist nicht primär ein Gefühl, sondern ein Tun. Ich liebe, indem ich Liebe erweise.

Warten Sie nicht auf ein großes Gefühl, bevor Sie einem anderen Gutes tun. Selbst dann, wenn Sie keine Liebe empfinden, ist er doch ein von Gott Geliebter. Wie Sie. Dieses Geliebtwerden verbindet Sie miteinander. So lieben Sie ihn über Gott. Erweisen Sie ihm eine Wohltat – um Jesu willen.

Wir wollen uns durch nichts gefangennehmen lassen. Nichts soll uns belasten und unsere Freude ersticken. Am ehesten gelingt uns das, wenn wir alles, was uns begegnet ist, in einen Dank verwandeln.

Nun mag jemand einwenden: »Warum soll ich danken, wenn mir nicht nach Dank zumute ist?« Oder: »Ich bin froh, daß dieser Tag vorüber ist, warum soll ich noch einmal all das Unangenehme zurückrufen? Der Tag hat mir nichts als Ärger gebracht. Ich will nicht mehr daran denken!«

Dank ist nicht abhängig von unserer Stimmung. Dank kann manchmal auch ein Opfer sein. Und gerade solch ein Opfer hat einen besonderen Wert.

»Wer Dank opfert«, sagt Gott durch den Beter des Psalms, »der preist mich – und das ist der Weg, daß ich ihm das Heil Gottes zeige« (Ps. 50,23).

So ist der Dank der Schlüssel zum Herzen Gottes, der Schlüssel, mit dem wir Einblick erhalten in die großen Heilsgedanken Gottes, die uns andernfalls verschlossen bleiben. Die größere Perspektive hilft zur sachlichen Einordnung des Geschehens; auch die Ursache meiner Verletzung wird anders gewichtet.

Wer daher das Geheimnis des Heilwerdens kennenlernen will, der fange an zu danken. Der Dank soll zu einer Quelle werden, die Tag und Nacht quillt.

Wir wollen diesen Tag jetzt mit einem Dank beschließen:

Danke, daß ich diesen Tag in deine Hände zurücklegen darf.
Danke, daß du auch in der Nacht gegenwärtig bist.
Danke für all das, was ich heute erlebt habe.
Danke, daß du bereits den neuen Tag kennst.
Danke . . .
–, daß ich mich dir zuwenden kann.
–, daß du meine Schuld auf dich genommen hast.
–, daß du um meinetwillen gelitten hast.
–, daß ich mich deinem Licht öffnen darf.
–, daß ich nicht länger an dem Groll festhalten muß.
–, daß du uns die Vergebung vorgelebt hast.
–, daß . . .

# Der zweite Tag

Und Gott sprach:
Es werde eine Feste zwischen den Wassern,
die da scheide zwischen den Wassern.
Da machte Gott die Feste
und schied das Wasser unter der Feste
von dem Wasser über der Feste.
Und es geschah so.
Und Gott nannte die Feste Himmel.
Da ward aus Abend und Morgen
der *zweite Tag*.

Tagesthema:
## Gott setzt Grenzen

## Zweiter Tag – am Morgen

Als Gott Himmel und Erde schuf, hatte er ein Bild vor Augen, und dieses Bild wollte er verwirklicht sehen.

Es war finster. Da war nichts als Chaos. Doch als Gott sprach, wurde es hell. Und er sprach wieder, da verwandelte sich das Chaos in Erde und Himmel.

Da war keine Willkür, sondern Ordnung. Gott selbst vollzog die Trennung und setzte die Grenze.

Und wenn wir heute morgen einen neuen Tag erleben, so geschieht es, weil Gott es so will.

Aber wie oft vergessen wir, daß wir gehalten werden. Wir haben uns in unserem Leben häuslich eingerichtet und gehen von unseren Voraussetzungen aus, und wenn Schwierigkeiten kommen, starren wir wie gebannt auf die Probleme, die wir nicht lösen können. Und dann wundern wir uns, wenn wir wie vor einer Wand stehen.

Als Hiob sich völlig in seiner Verzweiflung verfangen hatte, erinnerte Gott ihn daran, wie die Erde erschaffen wurde und fragte ihn:

Wo warst du, als ich die Erde gründete?
Weißt du, wer ihr das Maß gesetzt hat
oder wer über sie die Richtschnur gezogen hat?
Worauf sind ihre Pfeiler eingesenkt,
oder wer hat ihren Eckstein gelegt . . .

Wer hat das Meer mit Toren verschlossen,
als es herausbrach
wie aus dem Mutterschoß,
als ich's mit Wolken kleidete

48

und in Dunkel einwickelte
wie in Windeln,
als ich ihm seine Grenze bestimmte
mit meinem Damm
und setzte ihm Riegel und Tore
und sprach:
Bis hierher sollst du kommen
und nicht weiter;
hier sollen sich deine stolzen Wellen legen . . .
(Hiob 38,4-11)

Hiob mußte eingestehen, daß er nichts zu antworten wußte. Wer war er?

Ich bin zu gering, was soll ich antworten?
Ich will meine Hand auf meinen Mund legen.
(Hiob 40,4)


Kennen Sie das Gefühl der Ohnmacht? Sie sehen ein Problem und wissen nicht, wie Sie es lösen können. Sie sind ratlos. So sehr Sie auch versuchen, die Situation zu verändern, es gelingt Ihnen nicht. Sie möchten aufgeben. Sie denken: Es hat doch alles keinen Zweck. Ich schaffe es nicht.

Sie haben recht. Sie schaffen es nicht. *Sie* nicht. Ihre Kraft ist zu klein. Sie unterliegen, bevor Sie angefangen haben.

Aber Gott ist noch immer derselbe. Und sollte der Gott, der das Weltall allein durch sein Wort erschaffen hat, nicht auch mit Ihrem Problem fertig werden?

Wovon wird Ihr Leben beherrscht? Ist es Geld oder Karriere? Ist es die Angst vor der Zukunft oder die Beziehung zu einem anderen Menschen? Sind es Probleme in der Ehe? Ist es Angst vor der Einsamkeit?

So wie Gott die Trennung vollzog zwischen den Wassern und Himmel und Erde, so weiß er auch in unserem Leben zur rechten Zeit diese Grenze aufzurichten.

Das Schicksal kann nicht blindlings zuschlagen. Gott setzt

Grenzen. Aber auch wir müssen Grenzen ziehen, damit wir nicht von dem Strom der Zeit überschwemmt werden. Wir müssen uns gegen den Einfluß des Bösen abschirmen, um nicht mitgerissen zu werden.

Und das können wir am besten, wenn wir uns klarmachen, wer Gott ist und welch ein Vorrecht es ist, mit diesem Gott in Verbindung zu stehen. Zu ihm zu gehören. Von dieser Position aus können wir dem Bösen entgegentreten.

Vielleicht ist Ihnen dieser Gedanke zu abstrakt. Sie suchen etwas Festes, das greifbar ist. Etwas, worauf Sie Ihr Leben bauen können. Aber wer Gott kennenlernen will, muß zu einem Sprung ins Ungewisse bereit sein. Das heißt nicht, daß wir den Verstand ausschalten sollen. Aber solange einer sich an seine eigenen Möglichkeiten klammert, kann er nicht die Möglichkeiten Gottes erfahren.

Glaube ist ein Wagnis. Glaube bedeutet, sich selbst auszuliefern. Ausliefern – aber nicht an eine unbekannte Macht, sondern an den sich offenbarenden Gott, der uns liebt.

So wie Gott den Himmel von der Erde trennte und das Wasser vom Festland, so wollen auch wir in unserem Leben klare Grenzen ziehen, um nicht von Schwierigkeiten überwältigt zu werden. Das geschieht, indem wir uns von unseren Problemen distanzieren. Und das wollen wir jetzt miteinander praktizieren:

Atmen Sie aus, was Sie bedrückt, damit Raum wird für das Neue, das Gott Ihnen geben will. Er möchte der Erste und Wichtigste in Ihrem Leben sein. Und während Sie tief aus- und einatmen, sprechen Sie:

Herr, ich gebe dir alles, was ich habe,
alles, was ich bin,
und ich bitte dich,
laß mich von dir empfangen.

Ich gebe dir meine Mutlosigkeit.
Gib mir deine Zuversicht.

Ich gebe dir meine Hoffnungslosigkeit.
Gib mir deine Schau.
Ich gebe dir meine Verzagtheit.
Gib mir deine Sicherheit.

Ich gebe dir meinen Stolz.
Gib mir deine Demut.
Ich gebe dir meine Angst.
Gib mir dein Vertrauen.

Nimm mich selbst –
und beschenke mich mit dir.

Heute am zweiten Tag sind es dreizehn neue Punkte, die als Dank zu Gott aufsteigen. Sie kauen Satz für Satz langsam durch, bis er wie von selbst dem nächsten Dank Platz macht.

Danke für die Ruhe der Nacht. (Auch derjenige, der vielleicht nicht so gut geschlafen hat, kann dennoch »danke« sagen.)
Danke für den neuen Tag.
Danke für den Frieden.
Danke, daß ich leben darf.
Danke, daß du auch heute da bist.
Danke für dein Wort.
Danke für Sonne, Regen, Schnee und Wind.
Danke, daß du mein Problem kennst.
Danke, daß du mich nicht verachtest.
Danke für den Katastrophenschutz.
Danke, daß es für dich keine Probleme gibt.
Danke, daß wir nicht dem Zufall ausgeliefert sind.
Danke, daß du dem Bösen eine Grenze gesetzt hast, die er nicht überschreiten kann.

## Zweiter Tag – am Mittag

Wir Menschen sind mit dem kausalen Denken vertraut. Und unwillkürlich beziehen wir auch Gott in dieses Denken ein. Wenn wir dann merken, daß wir über Gott nicht verfügen können, sind wir nur zu leicht irritiert. Dann können wir sein Handeln oder sein Schweigen absolut nicht mehr verstehen. Und an diesem Nicht-verstehen-Können reiben wir uns wund.

O Gott, wo bist du?
Wo bist du,
wenn ich dich am meisten brauche?
Warum tust du, als würdest du mich meiden.
Siehst du nicht,
wie das Böse triumphiert?

Der Arme wird unterdrückt,
er ist hilflos dem Stärkeren ausgeliefert.
Und derjenige, der nicht nach dir fragt,
brüstet sich noch damit,
daß er tun kann, was ihm gefällt.

Er ist darauf aus,
immer noch mehr an sich zu reißen
auf Kosten dessen,
der stets verliert.
Und er spottet
und prahlt mit seinem Erfolg.

Du aber hinderst ihn nicht.
Du läßt es ihm gelingen.
Und das verstehe ich nicht.

»Es gibt keinen Gott«, so sagt er und lacht.
Und all sein Tun scheint ihm Recht zu geben.
Er tut, was er will,
und unterdrückt den Armen,
der sich nicht wehren kann.

»Es wird mir gutgehen«,
so behauptet er.
»Fange mich doch, wenn du kannst«,
so spottet er.
»Gott ist tot«,
so triumphiert er.
Und niemand wagt,
ihm zu widersprechen.

Ich möchte ihm entgegentreten –
aber welche Beweise habe ich in meiner Hand?
Du schweigst.

Wenn du ihm ein Hindernis in den Weg legst,
steigt er unversehrt darüber hinweg
und lacht.
Er findet sich großartig.

Wie ein Jäger
auf Wild lauert,
so lauert der Böse,
bis er sein Opfer fängt.

O Gott, jetzt laß es genug sein.
Warum soll der Gottlose weiter lästern
und den Elenden unterdrücken?

Dir ist all das nicht verborgen.
All das Unrecht geschieht unter deinen Augen;
darum werden die Geschlagenen nicht immer die Geschlagenen
bleiben.
Tief in ihrem Herzen wissen sie,
daß du ihnen hilfst.

Zerbrich die Gewalt des Bösen.
Vernichte das, was sie tun.
Die Elenden sehnen sich nach deiner Hilfe.

Schaffe dem Recht,
der keinen Helfer hat.

Sei du Vater der Vaterlosen,
und laß nicht länger
Menschen den Menschen beherrschen.

(nach Psalm 10)

Gott hat dem Bösen eine Grenze gesetzt, und diese Grenze darf
der Böse nicht überschreiten. Dennoch lassen wir uns so leicht
einschüchtern. Wir starren auf die Erfolge des Bösen und sind
wie gelähmt, denn wir sehen nicht, daß Gott dem Unheil Einhalt
gebietet. Je mehr einer sich auf das Negative, Zerstörerische
konzentriert, desto mehr Macht verleiht er dem Bösen über sich
selbst.

Darum achten Sie auf Ihre Selbstgespräche! Das negative Reden – auch in uns selbst – hat eine zersetzende Kraft. Es ist wie
bei einem Guerilla-Krieg, wo der Feind uns aus dem Hinterhalt
verwundet.

Gedanken können uns schwere Wunden zufügen. Darum ist
es wichtig, sie zu orten, d.h. wir müssen herausfinden, wo sich
der Feind-Gedanke versteckt hält. Wir müssen ihm einen Namen geben. Erst dann wird er greifbar. Und wenn er erkennbar
ist, können wir uns mit ihm auseinandersetzen.

Welchen Namen hat Ihr Feind? Ist es die Angst, perfekt sein
zu müssen? Dann sprechen Sie diese Neigung an und distanzieren Sie sich davon. Sie brauchen nicht perfekt zu sein. Sie dürfen
Mensch sein. Sie haben Fähigkeiten und Mängel. Beide fordern
Sie heraus. Aber sie sind nicht Voraussetzungen dafür, daß Sie
angenommen sind. Sie sind geliebt. Denn unser Angenommen-
sein hängt nicht von unserer Leistung ab.

Vielleicht ist Ihnen dieser Feind-Gedanke so vertraut geworden, daß Sie ihn gar nicht als Feind-Macht erkennen. Sie haben
sich daran gewöhnt, mit ihm zu leben. Desto verheerender ist der

Schaden, den er zufügen kann. Wie ein Spion, dem wir Einblick in unsere Strategie ermöglicht haben. So wendet er sich schließlich gegen uns.

An das negative Denken können wir uns gewöhnen wie an einen vertrauten Gast, der in unserem Hause ein und aus geht, ja sogar gewisse Rechte genießt. Aber haben wir seine geheimen Absichten erst durchschaut, können wir ihm das Hausrecht entziehen. Ohne Zugeständnisse.

Hier gilt es, Grenzen zu ziehen. Nichts darf uns beherrschen. Weder Geld noch Karriere noch irgendein Problem. Auch nicht ein Mensch.

Wenn Sie aufstehen können, so treten Sie ans Fenster, öffnen es weit und atmen Sie aus – dann ein – tief – und wiederholen Sie das Aus- und Einatmen.

Aus – – – Ein – – – Aus – – – Ein.

Dabei lassen Sie Ihre Blicke umherschweifen – und verwandeln Sie das, was Sie sehen und denken, in einen Dank. Gibt es nicht hundert verschiedene Dinge in Ihrem Umkreis, die Sie normalerweise kaum registrieren? Blicken Sie auf zum Himmel, der sich über Ihnen spannt . . . Wie klein sind wir Menschen. Und doch geliebt.

Ist da kein Echo in Ihrem Herzen? Als sei alle Freude erstorben?

Dann fragen Sie sich: Was halte ich fest? Ist es ein Mensch, den Sie nicht verlieren möchten? Ist es eine Enttäuschung, die Sie niederdrückt?

Wenn Sie enttäuscht sind – vielleicht an einem Menschen –, so ist das eine gute Gelegenheit, sich neu zu orientieren, indem Sie sich fragen: Wer oder was ist mein Lebensinhalt? Ein Mensch – ich selbst – Vermögen –, oder ist es der lebendige Gott?

Eine Enttäuschung kann sehr heilsam sein, so daß Sie sagen können: Danke. Danke für diese Enttäuschung, die mich bewahrt, einen anderen Halt zu suchen. Du bist mein Herr, und kein anderer.

Nimmt die Angst Sie gefangen? Angst vor der ungewissen Zukunft? Angst vor Arbeitslosigkeit? Die Sorge um die eigene Gesundheit?

Fragen Sie sich selbst: Wovor fürchte ich mich?

Der allmächtige Gott, der Gott, der Himmel und Erde gemacht hat, will Ihr Vater sein. Darum öffnen Sie Ihre Hände. Lassen Sie los. Strecken Sie Ihre Arme aus. Weit. Noch weiter. Öffnen Sie Ihr Herz. Öffnen Sie sich Gott. Geben Sie ihm Einblick in Ihre Ängste und Hoffnungen. Und entspannen Sie zugleich.

Entspannen ist Loslassen. Vielleicht merken Sie gar nicht, wie angespannt Sie sind. Dann wollen wir eine kleine Übung vornehmen:

Pressen Sie Ihre Hände fest zusammen – noch fester – spannen Sie Ihre Armmuskeln an, bis sie anfangen zu schmerzen – und jetzt öffnen Sie Ihre Hände. Und lassen Sie Ihre Arme fallen. Noch tiefer. Noch schwerer.

Und wieder atmen Sie tief, *aus* und *ein, aus* und *ein.* Und jeder Atem wird zu einem Dank.

Danke, daß du der HERR bist.

Danke, daß du durch dein Wort das Weltall geschaffen hast. Danke . . .

-, daß du alle meine Geheimnisse kennst – und mich trotzdem liebst.

-, daß du mir Zeit gegeben hast.

-, daß deine Güte keine Grenze hat.

-, daß du das Ziel aller Dinge bist.

-, daß deine Liebe diese Welt trägt.

-, daß ich lernen darf.

-, daß . . .

## Zweiter Tag – am Abend

Vielleicht stehen Sie zur Zeit vor einer unüberwindbaren Mauer, einer Mauer, die sich wie ein Berg vor Ihnen erhebt und Sie zu erdrücken droht. Eine Mauer der Sorge. Eine Mauer der Angst. Eine Mauer, die sich aus vielen kleinen und großen Steinen zusammensetzt. Eine Mauer, die Ihnen jeglichen Ausblick verwehrt. Da ist nicht ein Spalt in dieser Mauer. Sie wissen absolut nicht, wie auch nur ein Lichtstrahl da hindurchdringen könnte.

Dann fangen Sie an, den ersten Stein aus dieser Mauer herauszubrechen. Wie? Indem Sie den ersten belastenden Gedanken aufgreifen und in das Übungsheft schreiben. Geben Sie diesem Gesteinsbrocken einen Namen.

Bitte schreiben Sie ganz unbefangen all das, was an Negativem sich in Ihnen angestaut hat, ohne dabei zu reflektieren. Ihre Angst. Ihren Ärger. Ihre Unsicherheit.

Warum sollten Sie es zulassen, daß ein anderer Mensch oder eine Sache Ihr inneres Gleichgewicht ins Schwanken bringt? Warum geben Sie einem anderen so viel Macht über sich?

Nichts soll Sie gefangennehmen. Jesus Christus hat Sie aus der Sklaverei freigekauft. Darum fangen Sie jetzt diese giftstreuenden Gedanken ein und halten Sie sie fest, indem Sie wieder in die linke Spalte die negativen Emotionen eintragen, um sie in der rechten zu widerlegen. Gedanken des Zweifels werden ersetzt durch Gedanken des Vertrauens. Gedanken der Furcht durch Gedanken der Zuversicht. Gedanken der Sorge durch Gedanken der Gelassenheit. Gedanken der Niederlage durch Gedanken des Sieges.

Je bewußter und konzentrierter das geschieht, desto eher wird sich ein positiver Erfolg zeigen.

»Verändert euch durch die Erneuerung eures Sinnes«, schreibt Paulus im Brief an die Römer (12,2). Und diese Veränderung muß gezielt angestrebt werden durch Übung, bis das neue Denken uns selbstverständlich geworden ist.

Zum Beispiel:

    Ich habe Angst,
    meine Arbeitsstelle zu verlieren.

Und jetzt verwandeln Sie das, was soeben noch wie eine tödliche Gefahr auf Sie herabstarrte, in einen Dank.

> – Danke, daß du meine Situation kennst. Du weißt, daß mir viel daran liegt, meine Arbeitsstelle zu behalten, denn meine Familie ist darauf angewiesen. Ich gerate in Panik, wenn ich auch nur daran denke. Aber nicht eine Situation soll mich beherrschen, sondern du.
> – Danke, daß du alles weißt.
> – Danke, daß du nur das zuläßt, was gut ist für mich.
> – Danke, daß du dann einen neuen Weg für mich bahnen wirst. Du wirst mich nicht im Stich lassen.
> – Danke, daß ich es mit einem lebendigen Gott zu tun habe, dessen Allmacht keine Grenzen gesetzt sind.
> – Ich danke dir, daß du Möglichkeiten hast, die ich jetzt noch nicht sehe. Und daß du am Ende aus allem etwas machen kannst zu deiner Ehre.
> Aber zeige mir, was ich tun kann.

Und dann schlagen Sie den nächsten Brocken aus dieser Mauer. Und auch diesen Stein, der Sie zu erdrücken droht, legen Sie Gott zu Füßen und machen daraus einen Lobgesang. Voller Erwartung, ja, Neugier, wie Gott mit diesem Brocken fertig werden wird.

Seien Sie sicher, was immer Sie Gott anvertrauen, wird er in einen Segen verwandeln. Ihre Aufgabe ist es, zu danken.

Und jetzt bringen Sie diesen Dank noch einmal ganz bewußt mit der konkreten Situation in Zusammenhang. Auch für die Schwierigkeit können Sie danken. Für die Menschen, die Ihnen zu schaffen machen. Denn gerade in solchen Situationen lernen Sie am meisten.

Und auf diese Weise brechen Sie einen Stein nach dem anderen aus dieser dicken Mauer.

Heißt das, daß damit all unsere Probleme gelöst sind? Das wäre zu billig. Was in unserer Kraft liegt, sollen wir tun. Aber das Problem soll nicht über uns Gewalt gewinnen. Und das können wir dadurch verhindern, indem wir es mit Gott in Verbindung bringen.

Ein anderes Beispiel:
Ich habe Angst, im Alter
ganz allein zu sein.
Dann auf der rechten Seite:

> Herr, du hast gesagt, daß du uns nicht im Stich lassen wirst, ja, daß du uns bis ins hohe Alter tragen willst.
> Ich will dir vertrauen. Ich danke dir.

Oder:
Ich habe Angst, einem meiner Angehörigen
könnte ein Unglück zustoßen.
Statt dessen rechts:

> Unser Leben ist in deiner Hand, du bist der Herr, und du bist größer als meine Angst. Danke, daß selbst unsere Haare gezählt sind. Ich vertraue dir.

Lassen Sie sich nicht von einem negativen Gedanken beherrschen. Ihr Leben ist zu wertvoll, als daß eine negative Macht es zerstören könnte. Darum weisen Sie jeden negativen Gedanken zurück – im Namen Jesu.

Nicht eine fremde Macht entscheidet über uns, sondern Gott, der uns von Anfang an geliebt hat, so daß wir mit Paulus ausrufen können:

Ist Gott für uns, wer kann gegen uns sein?
Er hat selbst seinen eigenen Sohn nicht verschont,
sondern hat ihn für uns alle dahingegeben –
wie sollte er uns mit ihm nicht alles schenken?
Wer will die Auserwählten Gottes beschuldigen?
Gott ist hier, der gerecht macht.
Wer will verdammen?
Christus Jesus ist hier, der gestorben ist,
ja vielmehr, der auch auferweckt ist,
der zur Rechten Gottes ist und uns vertritt.

Wer will uns scheiden von der Liebe Christi?
Trübsal oder Angst oder Verfolgung oder Hunger
oder Blöße oder Gefahr oder Schwert?
. . . In dem allen überwinden wir weit durch den,
der uns geliebt hat.

Denn ich bin gewiß, daß weder Tod noch Leben,
weder Engel noch Mächte noch Gewalten,
weder Gegenwärtiges noch Zukünftiges,
weder Hohes noch Tiefes noch eine andere Kreatur
uns scheiden kann von der Liebe Gottes,
die in Christus Jesus ist, unserem Herrn.      (Röm. 8,31-39)

Und jetzt lassen Sie dieses Wort zu Ihnen persönlich sprechen; denn auch Sie sind gemeint.

Darum schreiben Sie auf die *rechte* Seite des Heftes:

> Wenn Gott für mich ist, kann mir nichts schaden.
>
> Der Gott, der seinen eigenen Sohn für mich gegeben hat, will mir mit ihm alles schenken.

Niemand hat jetzt noch ein Recht, mich zu verdammen.

Jesus, der für mich gestorben, ja noch mehr, der auferstanden ist und an der Seite Gottes ist, tritt für mich ein.

Von dieser Liebe kann mich nichts trennen.

Weder Traurigkeit noch Angst, auch nicht Verfolgung und Hunger, weder Krankheit noch irgendeiner Gefahr wird es gelingen, einen Keil zwischen meinen Erlöser und mich zu treiben.

In all den Schwierigkeiten überwinde ich weit durch den, der mich liebt.

Ich weiß, daß weder Tod noch Leben, weder Engel noch Mächte oder Gewalten, weder Gegenwärtiges noch Zukünftiges, weder Hohes noch Tiefes, noch irgendeine Kreatur mich von der Liebe Gottes trennen kann, die in Christus Jesus ist, meinem Herrn.

Die Hand, die Sie hält, ist stärker als alles. Und wenn Sie fallen, sind Sie dennoch gehalten. Wenn das Ihr Glaubensbekenntnis ist, werden Sie überwinden.

Und dann soll auch an diesem Tag als Tagesabschluß der Dank nicht fehlen.

Danke für den vergangenen Tag.
Danke, daß dir nichts verborgen ist.
Danke . . .
–, daß du jedes Wort mitgehört hast.
–, daß du auch meine heimlichsten Gedanken kennst.

-, daß deine Liebe dadurch nicht geringer wird.

-, daß du willst, daß ich heil werde.

-, daß ich in deiner Gegenwart leben kann.

-, daß ich alles mit dir besprechen kann.

-, daß ich auch Fehler machen darf.

-, daß du stärker bist als meine Angst.

-, daß du mein Vater bist, der für mich sorgt.

-, daß ich auch in Zukunft mit dir rechnen kann.

-, daß ich dein Werk bin.

-, daß du mich an dein Ziel bringen wirst.

-, daß . . .

# Der dritte Tag

Und Gott sprach:
Es sammle sich das Wasser unter dem Himmel
an besondere Orte,
daß man das Trockene sehe.
Und es geschah so.
Und Gott nannte das Trockene Erde,
und die Sammlung der Wasser
nannte er Meer.
Und Gott sah, daß es gut war.
Und Gott sprach:
Es lasse die Erde aufgehen
Gras und Kraut, das Samen bringe,
und fruchtbare Bäume auf Erden,
die ein jeder nach seiner Art
Früchte tragen,
in denen ihr Same ist.
Und es geschah so.
Und die Erde ließ aufgehen
Gras und Kraut, das Samen bringt,
ein jedes nach seiner Art,
und Bäume, die da Früchte tragen,
in denen ihr Same ist,
ein jeder nach seiner Art.
Und Gott sah, daß es gut war.
Da ward aus Abend und Morgen
der *dritte Tag*.

Tagesthema:
## Reifwerden und Fruchttragen

## Dritter Tag – am Morgen

Es ist der dritte Tag. Der dritte Dank-Tag. Vielleicht wollen Sie aufgeben. Sie denken, daß diese »Tricks« bei Ihnen nichts ausrichten. Sie sagen sich: »Das alles mag andern helfen – aber mein Fall ist zu kompliziert . . .«

Merken Sie es? Wenn Sie so denken, suggerieren Sie sich selbst ein negatives Ergebnis ein.

Jeder Tag stellt uns aufs neue vor die Wahl. Wir können wählen, uns entscheiden: Entweder für das Negative oder für das Positive.

Aber vielleicht wissen Sie überhaupt nicht mehr, worauf Sie sich verlassen können. Sie haben alles versucht; aber Sie sind steckengeblieben, weil kein Echo da war. Sie fühlen sich von Gott allein gelassen. Verraten.

Wir können Gott nicht sehen. Aber wir sind sein Werk. Er hat uns in diese Welt hineingestellt. Jeder von uns ist ein Gedanke Gottes.

In unserem Leben liegt ein verborgener Sinn. Als Gott unser Leben plante, wußte er, daß es gut war.

Es ist gar nicht so wichtig, daß wir alle Zusammenhänge kennen. Wenn die Zeit da ist, werden wir erkennen. Jetzt ist die Zeit zu vertrauen.

Und wenn wir uns so vertrauensvoll Gott öffnen, kann er in uns das wirken, was er wirken will, nämlich die Frucht – ihm zur Freude und anderen zur Nahrung.

Frucht ist niemals um ihrer selbst willen da, sondern damit andere durch sie gestärkt und erquickt werden. Diese Frucht ist ein ganz selbstverständliches Ergebnis. Wir brauchen uns also nicht ängstlich zu beobachten, ob sich nicht endlich der Ansatz einer Frucht zeigt.

Um Frucht zu bringen, gibt es nur eine Voraussetzung: daß wir unsere Wurzeln tief in den richtigen Boden senken. Alles andere geschieht ohne unser Zutun. Gott gibt Sonne und Regen. Wir können weder der Sonne noch dem Regen gebieten. Das ist Gottes Werk. Aber unsere Verantwortung ist es, daß wir die entsprechende Nahrung aufnehmen, um wachsen zu können.

Und damit wir diese Nahrung erhalten, hat Gott uns sein Wort gegeben. Dieses Wort sollen wir als unsere tägliche Nahrung zu uns nehmen. Wir sollen darüber nachdenken und davon sprechen. Es soll uns wichtiger werden als alles Reden der Menschen. Wir sollen sein Wort in uns wirken lassen und dann anfangen zu danken.

Im Johannes-Evangelium bezeichnet Jesus sich als den Weinstock. Bitte, lesen Sie selbst, was Jesus im 15. Kapitel sagt:

Ich bin der wahre Weinstock, und mein Vater ist der Weingärtner. Eine jede Rebe an mir, die keine Frucht bringt, wird er reinigen, daß sie mehr Frucht bringe.

Ihr seid schon rein um des Wortes willen, das ich zu euch geredet habe.

Bleibt in mir und ich in euch. Wie die Rebe aus sich selbst keine Frucht bringen kann, wenn sie nicht am Weinstock bleibt, so auch ihr nicht, wenn ihr nicht in mir bleibt.

Ich bin der Weinstock, ihr seid die Reben. Wer in mir bleibt und ich in ihm, der bringt viel Frucht; denn ohne mich könnt ihr nichts tun. Wer nicht in mir bleibt, der wird weggeworfen wie eine Rebe und verdorrt, und man sammelt sie und wirft sie ins Feuer, und sie müssen brennen.

Wenn ihr in mir bleibt und meine Worte in euch bleiben, werdet ihr bitten, was ihr wollt, und es wird euch widerfahren.

Darin wird mein Vater verherrlicht, daß ihr viel Frucht bringt und werdet meine Jünger.

Hier spricht Jesus von dem Geheimnis der Reifung. Er ist der Weinstock. Wir sind die Reben. Eine Rebe an sich ist völlig wertlos und unbrauchbar. Sie kann allenfalls noch als Brennmaterial dienen. Nur in der Verbindung mit dem Weinstock kann die Rebe das sein, wozu sie gedacht ist; dann kann sie die Trauben tragen, die den kostbaren Wein geben.

Wir haben nichts in uns selbst, aber wenn das Leben, das im Weinstock ist, durch uns hindurchströmt, kann die Frucht wachsen.

Und jeder Gärtner weiß, daß ein Weinstock Pflege braucht. Die wilden Triebe müssen beschnitten werden, damit die Frucht nicht verkümmert. Auch dieses Bild ist auf unser Leben übertragbar.

Wenn unser Leben Frucht bringen soll, muß all das, was den Lebensstrom hindert, weggeschnitten werden. Das aber ist die Verantwortung des Gärtners, dessen Ehre darin liegt, daß sein Weinstock gute Früchte trägt. So dürfen wir uns seinen Händen überlassen und ihn tun lassen, was er für gut und richtig hält. Wie ein fähiger Weingärtner, so versteht Gott sein Handwerk. Er weiß, wann er was tun muß, damit die Frucht, die er haben will, hervorgebracht wird. – Uns aber bleibt wieder der Dank.

Danke für die Nahrung.

Danke für den Reichtum in der Natur.

Danke . . .

–, daß du auch in mir Frucht wirken willst.

–, daß du in mir das Wollen wirkst und das Vollbringen.

–, daß du alles wunderbar gemacht hast.

–, daß du nie ratlos bist.

–, daß ich über dich nachdenken darf.

–, daß ich überall deine Spuren erkennen kann.

–, daß du über Himmel und Erde wachst.

–, daß nicht Menschen über uns herrschen, sondern du.

–, daß du uns immer wieder Sommer und Winter, Herbst und Frühling erleben läßt.

–, daß deine Weisheit größer ist als mein Erkennen.

# Dritter Tag – am Mittag

Wir wollen für einige Minuten unsere Arbeit unterbrechen, um uns neu auszurichten. Wie ein Steuermann, der den Kompaß nicht aus den Augen läßt, um den Kurs seines Schiffes immer wieder anzupassen.

Der Kompaß unserer Seele ist auf Gott ausgerichtet. Daher ist es für uns wichtig, uns immer wieder aufs neue auf Gott einzustellen.

Der heutige Tag steht unter dem Thema Reifung. Reifwerden geschieht nicht automatisch mit dem Älterwerden. Reifwerden geht mit unserer Einstellung einher.

Ein Mensch, der auf sich selbst konzentriert lebt, kann nicht zur Reife kommen. So ist Voraussetzung für das Reifwerden, daß wir von uns selbst wegsehen. Solange ich selbst Mittelpunkt meines Denkens bin, bleibe ich auf mich selbst bezogen und kann nicht zu voller Entfaltung kommen.

Der beste Weg, um von uns selbst frei zu werden, ist Gott zu loben. Als Vorbild können die Psalmen dienen, etwa der 103. Psalm:

Lobe deinen Gott, meine Seele.
Mit allem, was ich bin und habe
will ich seinen Namen loben.

O meine Seele, zähle all das Gute auf,
das er dir getan hat,
und vergiß nichts davon!

Er hat deine Schuld vergeben.
Er hat alle deine Gebrechen geheilt.
Er hat dein Leben vom Abgrund gerettet.
Er hat dir seine Liebe gegeben
und seine Barmherzigkeit,
und hat sie wie eine Krone
auf dein Haupt gesetzt.

Er hat dich mit Gutem umgeben
und deine Jugend erneuert,
daß du dich vor ihm aufschwingen kannst
wie ein Adler.

Er verschafft denen Recht,
die Unrecht leiden.
Er hat seinen Weg nicht geheim gehalten,
sondern hat ihn Mose gezeigt
und dem Volk Israel vieltausendfach
seine Kraft bewiesen.

Er ist voller Barmherzigkeit.
Wenn wir zu ihm kommen,
begegnet er uns mit großer Güte
und zahlt uns nicht heim
wie wir es verdient hätten.
Seine Geduld ist für uns unvorstellbar.
Seine Liebe erweist sich größer als sein Zorn.

So hoch wie der Himmel über der Erde ist,
so groß ist seine Liebe,
die er denen zeigt,
die ihn suchen.

Von Sonnenaufgang bis Sonnenuntergang
hat er unsere Übertretungen ausgelöscht.
Wie ein liebender Vater
erbarmt er sich seiner Kinder.

Er weiß, wer wir sind.
Er hat uns ja gemacht.
Er weiß, wie zerbrechlich wir sind;
Er denkt daran,
daß wir aus Erde gemacht sind.

Wie Gras ist der Mensch.

Er blüht kurze Zeit wie eine Blume auf dem Feld.
Sobald der Wind darüber streicht,
ist sie nicht mehr da,
niemand erinnert sich ihrer.

Aber die Liebe des Herrn
hat kein Ende.
Wer sich zu ihm hält,
wird seine Treue erfahren.
Ja, nicht nur er selbst,
sondern auch seine Kinder
werden die Freundlichkeit Gottes erfahren.

Der Thron unseres Königs ist im Himmel.
Er herrscht über alles.

Mein Lob ist zu schwach,
ich suche Verbündete!
Ihr Engel, ihr starken Helden,
die ihr bereit steht,
seine Befehle zu empfangen –
ihr, die ihr sein Wort
in alle Welt hineintragt –,
stimmt mit ein in den großen Lobgesang!

Ihr großen Heere,
ihr seine Diener,
die ihr seinen Willen tut –
alles, was er erschaffen hat,
alle Orte, die unser Gott beherrscht –,
stimmt mit ein in den großen Lobgesang!

O meine Seele,
wie könntest du dann schweigen?
Lobe den Herrn!

Es handelt sich hier um ein Selbstgespräch. Aber es ist noch mehr. Es ist ein Appell an die eigene Seele. Sie soll sich nicht länger mit Problemen befassen. Anstatt sich auf Probleme zu konzentrieren, soll sie sich vielmehr mit Gott beschäftigen.

Und kaum fängt der Sänger an, die Wohltaten Gottes aufzulisten, mündet alles in den großen Lobgesang.

So wollen auch wir jetzt alles, was wir sehen und erleben, in einen Dank umwandeln.

Danke, Danke für deine Weisheit.

Danke . . .

-, daß alles, was du schaffst, vollkommen ist.

-, daß deine Weisheit alles umfaßt.

-, daß du unendlich größer bist als alles Geschaffene.

-, daß meine Schwachheit deine Kraft ruft.

-, daß ich dein Eigentum bin.

-, daß du die Antwort weißt.

-, daß wir die guten Früchte genießen können.

-, daß du auch durch uns Frucht wachsen läßt.

Danke für die Schönheit der Wälder, der Wiesen, des Mooses, wenn es blüht . . .


## Dritter Tag – am Abend

Der Mensch sehnt sich nach einem erfüllten Leben. Er sehnt sich nach Frieden und Geborgenheit. Er sehnt sich danach, geliebt zu sein, und er bemüht sich oft verzweifelt, das, was für ihn höchstes Glück bedeutet, zu erreichen.

Er meint, wenn er mehr besäße, was an materiellem Wert erstrebenswert erscheint, wenn er mehr Anerkennung erhielte, mehr Erfolg hätte, ja, einen anderen Menschen geheiratet hätte, wenn er gesund wäre und in Freiheit seine Gaben entfalten könnte, dann könnte er glücklich sein und zufrieden.

Aber selbst wenn er all das erreicht, was er sich vorgenommen hat, muß er feststellen, daß noch immer eine große Leere in ihm ist. Und all diese äußeren Dinge können die Leere nicht füllen. Wirkliche Erfüllung findet der Mensch nur in der Gemeinschaft mit Gott. Und Gott finden wir nicht durch große Anstrengung. Gott finden wir nur durch Jesus.

Doch wie oft erliegt der Mensch dem Selbstbetrug. Er kämpft verbissen, um seine Ideen durchzusetzen, die ihn aber letztlich nur weiter von dem eigentlichen Ziel abbringen.

Wie bereits am Abend zuvor, so wollen wir auch jetzt wieder unsere dunklen Tiefen öffnen, damit Licht hineinfällt.

In Ihren Gedanken sind Sie König und können sich Ihre eigene Welt bauen. Aber vielleicht sind Sie auch nur der Sklave Ihres Strebens, Wünschens, Begehrens? Ihrer Erinnerung?

Da taucht eine Erinnerung auf, und da fällt Ihnen eine Bemerkung ein. Ein Bild. Eine Szene.

Soweit Ihre Gedanken umherirren mögen – sie kehren immer wieder zu dem einen Punkt zurück. Ist es Unruhe? Ist es Angst? Ein Gedanke, der Sie wieder und wieder gefangennimmt. Vielleicht eine Idee, eine Vorstellung. Vielleicht ein Erlebnis, das bereits lange zurückliegt. Ein Wort, das Sie getroffen hat.

Oder vielleicht haben Sie einen anderen mit Ihren Worten verletzt. Jetzt möchten Sie diese Bemerkung zurückholen. Sie versuchen, die Situation noch einmal zu durchdenken, um sie zu Ihren eigenen Gunsten zurechtzubiegen.

Und noch ehe es Ihnen bewußt wurde, hat sich das Denken verselbständigt. Es entzieht sich Ihrer Kontrolle: Es fing mit einem ganz unbedeutenden Gedankensplitter an, der schließlich zu einer Lawine anwuchs und jetzt durch keine Anstrengung mehr aufgehalten werden kann. Da hilft es auch nicht, sich vorzunehmen, das Denken abzuschalten. Es denkt und denkt und denkt.

Wir können ja nicht einfach eine Sicherung herausdrehen, vielmehr geht es darum, den Fehlkontakt herauszufinden, der diese Störung verursacht hat.

Werden Sie still und warten Sie. Und dann greifen Sie den ersten Gedanken heraus und schreiben ihn auf. Wieder auf die linke Seite im Heft.

Sie haben recht, es ist nicht gut, wie psychische Nudisten die intimsten Gefühle in aller Öffentlichkeit auszubreiten. Aber es geht hier nicht um ein genüßliches Zur-Schau-Stellen der innersten Gedanken und Gefühle, um dann schamlos vor einer Gruppe darüber zu diskutieren. Die Scheu, die sich der Preisgabe unserer Gedanken erwehrt, ist uns als Schutz gegeben. Den wollen wir auch respektieren.

Doch hier geht es darum, das Krank- und Fehlerhafte aufzuspüren. Und das können wir nur erkennen, wenn wir uns von diesem Gedanken distanzieren, indem wir ihn Sprache werden lassen.

Wenn wir unseren Gedanken freien Lauf gewähren, entgleiten sie uns zu leicht, so daß wir sie nicht mehr einfangen können, sondern von der Macht der Gedanken in die Tiefe unserer Gefühle gerissen werden. Wie in einem Strudel. So wollen wir unseren Gedanken gewissermaßen Zügel anlegen, damit nicht wir von ihnen beherrscht werden, sondern wir über sie herrschen.

Bedenken Sie also noch einmal: Niemand wird diese Gedanken je erfahren. Nur Sie selbst. Was also könnten Sie verlieren?

Nun können wir zwar einige Gedankenansätze preisgeben, doch das eigentliche Kernstück möchten wir für uns behalten, um es als ewiges Geheimnis im Dunkeln zu vergraben. Aber gerade um diesen dunklen Kern geht es; denn das, was wir zurückhalten, zu dem wir nicht ehrlich stehen, wirkt wie eine eitrige Masse, die unsere Gefühle infiziert.

Und gerade die Gedanken, die so schwer auszusprechen sind, beeinflussen uns am meisten. Darum sollte hier die Arbeit beginnen.

Was können Sie jetzt praktisch tun? Lassen Sie zunächst wieder all das Denken geschehen, doch beobachten Sie dieses Denken.

Atmen Sie bewußt und tief. Ganz ruhig. Lauschen Sie in sich hinein. Es ist das Leben, das in Ihnen pulsiert. Dieses Leben in Ihnen möchte sich entfalten. Aber immer wieder wird es zurück-gedrängt.

Und jetzt versuchen Sie, den ersten Gedanken zu greifen, ihm nachzuspüren, festzuhalten, um ihn zu stellen. Entlarven Sie jede Lüge, die sich in Ihre Gedanken eingeschlichen hat. Jetzt fangen Sie an, diese Gedanken zu sichten.

Seien Sie ehrlich mit sich selbst. Versuchen Sie nicht, dem Bild eines Supermenschen zu entsprechen. Haben Sie den Mut, sich selbst ehrlich zu begegnen. Akzeptieren Sie Ihre Schwächen. Bemühen Sie sich nicht, etwas zu verschleiern. Einen anderen Akzent zu geben oder so zu tun, als wäre alles gut.


Wenn Sie nun wieder auf der linken Seite des Heftes den ersten Gedanken, der Sie belastet, festhalten, so diskutieren Sie wie ein Außenstehender mit diesem Gedanken.

Und bevor Sie den zweiten Gedanken aufgreifen, breiten Sie dieses Gespräch vor Gott aus.

Ich hätte mich anders verhalten sollen . . .

Ich fühle mich schuldig . . .

Ich fühle mich ungerecht behandelt, weil . . .

Ich bin wütend, weil . . .

Ich ärgere mich, daß ich geschwiegen habe, als . . .

Ich habe die Tatsache anders hingestellt, als sie in Wirklichkeit war . . .

Ich komme noch immer von dieser einen Sache . . . nicht los.

Ich kann mir selbst nicht vergeben.

Oder vielleicht hatten Sie mit Ihrem Partner eine Auseinandersetzung, die Ihnen noch immer zu schaffen macht. Dann fangen Sie an, Punkt für Punkt die Szene auseinander zu nehmen.

Ich habe meinen Mann bereits tausendmal gebeten, pünktlich zum Essen nach Hause zu kommen.

Aber er ist dazu nicht bereit.

Er hält es nicht einmal für nötig, mich anzurufen.

Ich habe das Bedürfnis, mich irgendwie an ihm zu rächen. In dieser Feststellung liegt eine tiefe Aggression verborgen. Jetzt überlegen Sie, ob Sie irgend etwas zu seiner Verteidigung vorbringen können. Vielleicht finden Sie auch einen Kompromißvorschlag.

Oder Sie entscheiden sich, mit ihm über Ihre Gefühle offen zu sprechen – ohne Vorwurf, nicht beleidigt, damit nicht Verteidigung und Gegenangriff den Ehekrieg erst in Gang bringen.

Aber selbst dann, wenn es scheinbar keine gemeinsame Ebene gibt, lassen Sie das negative Gefühl nicht in Ihnen Wurzel schlagen. Nähren Sie es nicht, indem Sie ständig darüber nachdenken. Entscheiden Sie sich statt dessen dafür, auch diesmal, vielleicht zum zweitausendsten Male, zu verzeihen.

> Ich bin bereit zu vergeben. Auch wenn er nicht an meiner Vergebung interessiert ist, weil er glaubt, selbst im Recht zu sein.
> Aber ich weigere mich, mein psychisches Gleichgewicht durch diese Sache beeinträchtigen zu lassen.
> Es gibt wichtigere Dinge im Leben. Ich habe ein größeres Ziel als mein eigenes Recht. Ich will meine Kraft nicht an banale Streitigkeiten verschwenden.

All das, was uns begegnet, ist wie Sonne und Regen, die den Samen wachsen lassen, bis er eines Tages Frucht trägt. So tragen gerade auch die negativen Erfahrungen zu unserer Reifung bei.

Und jetzt denken Sie daran: Ich bin von Gott geliebt, ganz gleich, wer ich bin und was ich getan habe. Und dann sprechen Sie es nach, Silbe für Silbe:

ICH BIN VON GOTT GELIEBT.

Es geht nicht um eine bestimmte Meditationstechnik, es geht um das Vertrauen, das auf dem Wort Gottes basiert. Nicht Vertrauen in Ihre eigene Kraft und Ihre Fähigkeit, sondern Vertrauen zu Gott, wie er sich uns in der Person Jesu zu erkennen gegeben hat. Er wird uns ans Ziel bringen – trotz all unserer Fehler und Irrtümer.

Die einzige Bedingung ist, daß wir uns an Gott halten.

Und nun wollen wir auch diesen Abend mit unserem Dank beschließen:

Danke, daß alles, was du schaffst, vollkommen und gut ist. Danke . . .

–, daß du uns in diese Natur hineingestellt hast.

–, daß du auch in uns Frucht wirken willst, die bleibt.

–, daß ich müde sein darf und ein Zuhause habe.

– für deine Weisheit, mit der du uns regierst.

–, daß du mich reinigst, damit ich vor dir bestehen kann.

–, daß du weißt, was ich brauche.

–, daß ich nichts vor dir zu verstecken brauche.

–, daß ich mich in deiner Gegenwart so geben darf wie ich bin.

–, daß ich in deinem Frieden geborgen bin.

–, daß ich wie die Rebe an deinen Lebensstrom angeschlossen bin.

–, daß . . .

# Der vierte Tag

Und Gott sprach:
Es werden Lichter an der Feste des Himmels,
die da scheinen Tag und Nacht
und geben Zeichen, Zeiten,
Tage und Jahre.
Und es seien Lichter an der Feste des Himmels,
die auf die Erde scheinen.
Und es geschah so.
Und Gott machte zwei große Lichter:
ein großes Licht,
das den Tag regiere,
und ein kleines Licht,
das die Nacht regiere,
dazu auch die Sterne.
Und Gott setzte sie an das Firmament des Himmels,
daß sie auf die Erde schienen
und den Tag und die Nacht regierten
und schieden Licht und Finsternis.
Und Gott sah, daß es gut war.
Da ward aus Abend und Morgen
der *vierte Tag*.

Tagesthema:
# Unser Schicksal wird nicht vom Lauf der Sterne bestimmt, sondern von Gott

## Vierter Tag – am Morgen

Ohne es zu merken, atmen wir den Geist dieser Zeit. Wir aber sollen uns nicht infizieren lassen, weder vom Materialismus, wo der Mensch glaubt, alles sei machbar, noch von den schillernden Gedanken neuer Heilslehren, wo der Mensch sich zum Gott macht und glaubt, sich selbst erlösen zu können. Unser Leben wird auch nicht von Horoskopen und schicksalhaften Konstellationen bestimmt.

Offensichtlich ist magisches Denken tief im Menschen verankert, denn der Mensch sucht Sicherheit. Eine Gewißheit, der er sich anvertrauen kann. Er kann es nicht ertragen, sich einem unsichtbaren Gott auszuliefern. Das Wort allein genügt ihm nicht. Er hält sich fest an dem, was er berechnen kann, oder er blickt auf zu den Sternen, weil er meint, sein Schicksal wäre dort vorgezeichnet.

Verzweifelt greift er um sich, um irgendwo etwas zu finden, an das er sich klammern kann. Er denkt: »Wenn ich mehr Geld verdiene und dieses Geld sicher genug anlegen kann, ist für mein Morgen gesorgt.« Aber zugleich ahnt er, daß Geld keine Sicherheit gibt.

Ein anderer sagt: »Wenn ich eine zusätzliche Versicherung abschließe und für alle nur möglichen Katastrophenfälle abgesichert bin, finde ich Ruhe.« Aber das letzte Risiko kann der Mensch nicht abdecken. Er bleibt verwundbar, auch wenn er noch so viele Risiken auszuschalten versucht und sich mit Versicherungen abdeckt. Selbst wenn er vermeidet, mit dem Auto zu fahren, um keinen Unfall zu riskieren, kann sich im Haus ein Balken lösen und ihn erschlagen. Und wenn er glaubt, dem

Krieg entronnen zu sein, kann ihn in dem Land, in dem er sicher zu sein glaubte, eine Schlange beißen, so daß er dort stirbt.

Je mehr einer bemüht ist, sein Leben zu schützen, desto gefährlicher lebt er.

»Wer den Herrn fürchtet, der hat eine sichere Festung«, heißt es in den Sprüchen (14,26).

Wovor fürchten Sie sich? Gott ist kein Räuber, der uns hinterlistig überfällt, um uns auszurauben. Er ist unser Vater, der uns liebt. Und er will uns mehr bedeuten als alles, was uns Sicherheit verspricht.

Worin haben Sie Ihre Sicherheit? Schreiben Sie in Ihr Heft all die Punkte, die in Ihnen Angst auslösen. Nennen Sie diese Angst beim Namen.

Was soll aus uns werden,
wenn mein Mann seine Arbeit verliert?

Und dann geben Sie diese Angst ab, indem Sie auf der rechten Heftseite neben jeden Punkt, vor dem Sie sich fürchten, notieren:

Ich gebe dieses Problem an Gott weiter.
Er weiß besser zu helfen als ich.
Es soll mich nicht länger gefangen halten.

Vermutlich kennen Sie das bekannte Lied von Paul Gerhardt: »Befiehl du deine Wege«. Singen Sie diese Strophen und denken Sie über den Inhalt dieses Liedes nach:

Befiehl du deine Wege
und was dein Herze kränkt
der allertreusten Pflege
des, der den Himmel lenkt.
Der Wolken, Luft und Winden
gibt Wege, Lauf und Bahn,
der wird auch Wege finden,
da dein Fuß gehen kann.

Dem Herren mußt du trauen,
wenn dir's soll wohl ergehn.
Auf sein Wort mußt du schauen,
wenn dein Werk soll bestehn.
Mit Sorgen und mit Grämen
und mit selbsteigner Pein
läßt Gott sich gar nichts nehmen,
es muß erbeten sein.

Weg hast du allerwegen,
an Mitteln fehlt dir's nicht;
dein Tun ist lauter Segen,
dein Gang ist lauter Licht;
dein Werk kann niemand hindern,
dein Arbeit darf nicht ruhn,
wenn du, was deinen Kindern
ersprießlich ist, willst tun.

Hoff, o du arme Seele,
hoff und sei unverzagt!
Gott wird dich aus der Höhle,
da dich der Kummer plagt,
mit großen Gnaden rücken;
erwarte nur die Zeit,
so wirst du schon erblicken
die Sonn der schönsten Freud.

Ihn, ihn laß tun und walten,
er ist ein weiser Fürst
und wird sich so verhalten,
daß du dich wundern wirst.
Wenn er, wie ihm gebühret,
mit wunderbarem Rat
das Werk hinausgeführet,
das dich bekümmert hat.

Sooft sich dann erneut die alte Angst bemerkbar macht, wiederholen Sie ganz bewußt das Loslassen. Werfen Sie weg, was Sie belastet und unfrei macht. Sie haben Wichtigeres zu tun, als sich den ganzen Tag mit Ihrer Angst auseinanderzusetzen. Dieser Kampf lähmt Ihre Kraft, die Sie so notwendig brauchen.

Aber der Dank führt neue Kräfte zu. Darum praktizieren Sie auch jetzt wieder den Dank.

Danke, daß ich denken kann.

Danke, daß alles, was du erschaffen hast, vollkommen ist.

Danke . . .

– für die Schönheit der Natur und daß ich mich an dieser Schönheit freuen kann.

– für deine Weisheit, mit der du uns regierst.

–, daß nicht äußere Umstände über mich herrschen, sondern du allein.

–, daß du mich ans Ziel bringst.

–, daß ich in deinem Frieden geborgen bin.

–, daß du Gott bist.

–, daß du alles siehst.

–, daß du meine Sicherheit bist.

–, daß weder Sterne noch Kräfte mein Leben bestimmen.

–, daß ich mich nicht zu fürchten brauche.

–, daß du im Verborgenen wirkst.

–, daß du meine Hoffnung bist.

– für alle Erfahrungen.

–, daß . . .

# Vierter Tag – am Mittag

Unsere Emotionen lassen sich nicht wie eine Maschine steuern. Es gibt Zeiten, da werden wir von unseren Gefühlen völlig aus der Bahn geworfen. Wie können wir uns davor schützen? Je krampfhafter wir uns mühen, damit fertig zu werden, desto stärker wird der Griff.

Seit Tausenden von Jahren hat der Mensch nach Wegen gesucht, um inneren Frieden zu erlangen. Immer neue Schulen bieten sich an, die dem Menschen diesen Seelenfrieden versprechen. Aber weder Autogenes Training noch Hypnose, weder Selbstsuggestion oder irgendeine fernöstliche Meditationsmethode können diesen Frieden vermitteln, den Jesus denen versprochen hat, die ihm glauben.

Diesen Frieden Gottes erhalten wir nicht durch eine gezielte Entspannungsübung, auch nicht durch Psychotherapie oder Selbstverwirklichung. Dieser Friede Gottes wird dem gegeben, der sein Recht auf sich selbst an Gott abtritt, um sich bedingungslos an Gott auszuliefern.

Selbsterkenntnis und Entspannungsübungen sind wichtig und hilfreich, aber wenn sie das Heil des Menschen zum Ziel haben, führen sie letztlich in die Irre. Sie sind keine Brücke zu Gott. Es gibt nur einen Weg zu Gott: Jesus Christus.

Wie oft begegnen mir Menschen, die erwarten von einer bestimmten Methode Hilfe für ihre Probleme. Doch menschliches Wissen ist begrenzt.

Auch die Erkenntnisse der sogenannten Wissenschaft sind begrenzt und können morgen widerrufen werden. Wer sich danach ausrichtet, gerät in eine Sackgasse. Wo ein Mensch von der Wissenschaft sein Heil erwartet, macht er menschliche Erkenntnis zum Götzen.

Wenn wir die heutige Zeitströmung beobachten, müssen wir uns fragen, ob nicht die Psychologie zu einem Goldenen Kalb geworden ist, um das die Menschheit tanzt.

All das, was die Stelle Gottes einnimmt, ist Götze. Ganz gleich, ob es Sterne sind oder magnetische Felder, ob es eine Idee ist oder ein Mensch.

Gott sieht die Verirrung des Menschen und kennt seine Verlorenheit, darum ruft er: »Kommt wieder, Menschenkinder« (Psalm 90,3).

Wohin?

Zu ihm und seinem Wort.

Wenn Sie ratlos sind und nicht mehr wissen, woran Sie sich noch halten sollen, dann lesen Sie die Psalmen, und Sie werden überrascht sein, Menschen zu finden, die genauso gefragt haben wie Sie.

Diese Menschen wollten nicht mit frommen Worten anderen imponieren, sie haben vielmehr Gott in ihre verworrenen Gefühle Einblick gewährt:

Jetzt ist es lange genug, Herr!
Wie lange noch willst du mich ignorieren,
wie lange mich auf die Folter spannen?
Ich habe schon zu lange
in die Dunkelheit gestarrt,
ohne dich zu sehen.

Zu lange schleppe ich diese tonnenschwere Last
mit mir herum.
Mein Herz zieht sich zusammen vor Angst,
und das Tag für Tag.

Wie lange soll ich mit ansehen,
wie andere in ihrer Arroganz triumphieren!
Siehst du das nicht?

Warum gehst du nicht auf meine Bitten ein,
bist du nicht mein Gott?
Was bringt es dir ein,
wenn ich in meinem Kummer umkomme?

Sollen sich andere damit brüsten,
das bessere Los gezogen zu haben?
Sollen sie über meine Dummheit lachen,
weil ich meine Hoffnung auf dich gesetzt habe?
Ich habe mich ganz auf dich verlassen.
Außerhalb von dir habe ich keine Hoffnung.

Ach, was rede ich da!
Wenn ich tief in mich hineinlausche,
weiß ich,
daß eine stille Freude in mir lebt.
Es ist die Freude an dir,
der du so gerne hilfst.
Aus voller Kehle will ich dir singen,
weil du mir wohltust.

(Nach Psalm 13)

Mit diesen Gedanken treten Sie jetzt ans Fenster und öffnen es weit. Dann atmen Sie aus. Alles, was Sie beschwert. Alles, was sich wie eine eiserne Fessel um Sie legt. Alle Angst. Alle Zweifel. Alle Unsicherheit. Auch Ihren heimlichen Groll. Den Ärger, mit dem Sie über das letzte Gespräch nachdenken. Atmen Sie aus. Bis zum tiefsten Boden der Lunge.

Dann atmen Sie ein und nehmen Sie das Neue auf, das Leben, das Gott für Sie bereit hält. Wie? Indem Sie glauben, daß das geschieht, was Gott gesagt hat. So wie er am Schöpfungsmorgen das Licht gerufen hat, so soll es auch in Ihnen licht werden.

Gott hat Sie nicht als Sklave gewollt. Er hat sein Leben für Sie gegeben, damit Sie frei sein können. Das ist Ihre Bestimmung. Sie können aufatmen – mit einem tiefen Dank . . .

Danke, daß dein Licht alle meine Dunkelheiten durchdringt.
Danke, daß Sonne, Mond und Sterne keine Götter, sondern deine wunderbaren Geschöpfe sind.

Danke . . .
- für neue Gelegenheiten, dich auch darin kennenzulernen.
-, daß es nach dem Dunkel der Nacht immer einen neuen Tag
gibt.
-, daß es Mittag ist und die Sonne hoch steht – auch hinter
den Wolken.
-, daß ich mich am Licht freuen kann.
-, daß du allem Geschaffenen Grenzen gesetzt hast und damit
auch mir.
-, daß du mich erneuerst.
-, daß ich mich nicht zu fürchten brauche.
-, daß du versprochen hast, dich finden zu lassen.
-, daß du alle Dinge weißt.
-, daß . . .


## Vierter Tag – am Abend

Auch an diesem Abend wollen wir Rückschau halten auf den
Tag und alles, was uns begegnet ist, ablegen. Nichts soll uns gefangennehmen. Wir dürfen unsere Hände öffnen; denn nur ge-
öffnete Hände kann Gott füllen. Und was Gott gibt, ist un-
vergleichlich mehr, als das, was wir als Besitz festzuhalten
versuchen.

Oft erscheint es uns unmöglich loszulassen, abzugeben. Wir
versuchen verzweifelt, unser Leben zu steuern und das zu retten,
was uns noch geblieben ist. Aber wie, wenn wir jetzt Gott das anvertrauen, was uns so schwer am Herzen liegt? Er weiß besser zu
helfen, als wir denken. Er ist nicht ratlos. Auch nicht, wenn wir
ihm ein totales Lebenschaos hinlegen. Hat er nicht das Weltall
aus dem Chaos erschaffen?

Versuchen Sie auch jetzt wieder das, was Sie am meisten belastet, aufzuschreiben, um Abstand zu gewinnen. Vielleicht ist es

zur Zeit gar kein schwerwiegendes Problem, vielleicht nur dieser tägliche Kleinkrieg, der Ihnen zu schaffen macht. Dann versuchen Sie, diesen oft zermürbenden Alltagsbegegnungen einen positiven Aspekt abzugewinnen.

Beispiel:
  Als ich . . . sah, fiel mir ein,
  was er/sie über mich gesagt hat.
  Seitdem weiche ich ihm/ihr aus.
Versuchen Sie jetzt rechts eine neue Einstellung für dieses Problem zu finden.

> Ich merke, wie stark ich reagiere, anstatt frei zu handeln. Auch meine Emotionen sind nur eine Reaktion. Aber damit mache ich mich abhängig von anderen Menschen.
> Danke, daß ich nicht abhängig sein muß von Menschen.
> Danke, daß ich es lernen kann, mit unangenehmen Situationen umzugehen.
> Gib mir Weisheit, damit alles letztlich deinen Ruhm vermehrt.
> Danke, für . . ., die/den du besser kennst als ich.
> Ich möchte, daß er/sie glücklich wird. Vielleicht hat er/sie Sorgen, die ich nicht kenne.
> Ich möchte, daß deine Liebe durch mich andere Menschen erreicht.

Und wenn ein Gedanke immer wiederkehrt und Sie belastet, dann schreiben Sie ihn auf und streichen ihn bewußt durch. Warum sollten Sie alte Ketten mit sich herumschleppen, die Sie nur hindern?

Den größten Schmerz fügen wir uns selbst zu, weil wir uns so wichtig nehmen. Es ist unser Stolz, der verletzt ist; es sind unsere

Pläne, die nicht gelingen, unser Selbstwertgefühl, das getroffen ist. Immer aber handelt es sich um uns selbst.

Wenn wir darüber nachdenken, sollte jede Schwierigkeit, die diese Schwachstelle in unserem Leben aufdeckt, einen Dank in uns auslösen; denn dann können wir anfangen, an dieser unserer Empfindlichkeit zu arbeiten.

Wir brauchen nicht verzweifelt zu kämpfen, um unseren guten Ruf zu retten; besser wäre es, einfach das zu tun, was wir heute zu tun haben und unseren Blick auf Gott zu richten. Er soll der Wichtigste in unserem Leben sein. In ihm liegen alle Schätze verborgen (Kol. 2,3).

Wenn Jesus unser Freund ist, haben wir mehr, als wir erträumen könnten. Die ganze Fülle des Lebens liegt in ihm, denn er ist das Leben.

Wenn wir ihn erkennen, wird all das, was uns bis dahin erstrebenswert erschien, verblassen – mehr noch, es wird uns »wie Kot« vorkommen; so drückte es Paulus in seinem Brief an die Philipper aus (3,7-8). Dann wird all das, was uns so wichtig erschien, uns nur hinderlich sein, denn wir haben etwas ungleich Besseres kennengelernt.

Du bist die Quelle des Lebens.
Du bist das Licht, das leuchtet.
Du bist der Weg, der zum Ziel führt.
Du bist das Heil der Welt.
In dir liegt aller Reichtum verborgen, o Herr.

Wenn Gott unser Ziel ist, werden wir alles andere ihm unterordnen. Und dann werden wir in einer neuen, nie erahnten Freiheit Menschen und Situationen gegenüberstehen.

Gibt es etwas in Ihrem Leben, das Ihnen wichtiger ist als Gott? Eine Sache? Ein Mensch? Eine Idee? Schreiben Sie es nieder, und dann schließen Sie eine Klammer darum und setzen Sie den Namen Gottes davor, und bitten Sie Gott, daß er Ihnen mehr wert wird als alle Schätze dieser Erde.

Und dann geben Sie auch diesen Tag mit Dank an Gott zurück in dem Vertrauen, daß er auch Ihre Fehler und Ihre Schuld in Segen verwandelt. Nehmen Sie sich Zeit – Danke-Zeit. Wir ruhen aus im Danksagen, verinnerlichen den Dank und preisen damit Gott.

Danke, daß du größer bist als meine Angst.
Danke . . .
–, daß du auch mit meinem Irrtum fertig wirst.
–, daß ich in dir alles gewinne, wonach ich mich sehne.
–, daß du so gütig bist.
– für deine Geduld.
–, daß du mich hoffen läßt.
–, daß nicht der Zufall mich regiert, sondern deine ewige Liebe.
–, daß du mich ans Ziel bringst.
–, daß ich mich auch heute in deiner Gegenwart niederlegen darf.
–, daß ich in deinem Frieden geborgen bin.
–, daß du Gott bist.
–, daß . . .

# Der fünfte Tag

Und Gott sprach:
Es wimmle das Wasser
von lebendigem Getier,
und Vögel sollen fliegen
auf Erden unter der Feste des Himmels.
Und Gott schuf große Walfische
und alles Getier, das da lebt und webt,
davon das Wasser wimmelt,
ein jedes nach seiner Art,
und alle gefiederten Vögel,
einen jeden nach seiner Art.
Und Gott sah, daß es gut war.
Und Gott segnete sie und sprach:
Seid fruchtbar und mehret euch
und erfüllet das Wasser im Meer,
und die Vögel sollen sich mehren auf Erden.
Da ward aus Abend und Morgen
der *fünfte Tag.*

Tagesthema:
# Die Vielfalt der Schöpfung führt zur Selbstannahme

## Fünfter Tag – am Morgen

Stellen Sie sich vor, Sie stünden auf einem Marktplatz mitten in einem Menschengewühl. Überall Menschen, wohin Sie auch blicken. Große und kleine, alte und junge, gerade gewachsene oder vom Alter gebeugte, Männer und Frauen und Kinder. Und jedes Gesicht ist anders gezeichnet. Jede Hand anders geformt. Kein Finger gleicht dem andern.

Jetzt stellen Sie sich vor, Sie kämen mit einem dieser Menschen ins Gespräch. Und während er von sich erzählt, fangen Sie an, sich mit ihm zu vergleichen. Vielleicht hat er soeben von seiner erfolgreichen Karriere berichtet – beinahe instinktiv ziehen Sie sich innerlich zurück. Oder vielleicht gibt er Ihnen Einblick in seine Schwierigkeiten und Niederlagen – dann fühlen Sie sich stark.

Viele Menschen haben ein Wunschbild von sich, ein Traum-Ich. Wenn sie diesem Bild nicht entsprechen, klagen sie sich an oder ziehen sich zurück. Manche rebellieren gegen dieses Phantom-Ich und verhalten sich bewußt dem entgegen.

Dahinter verbirgt sich der Gedanke, daß unser Wert von unserer Leistung abhängt. Aber nicht das, was wir leisten, ist entscheidend, sondern das, was wir sind. Wir sind das Werk Gottes, nach seiner Vorstellung geschaffen. Unter seinen Händen ist unser Leben geworden. Darum hat es Wert.

Wir sind keine Kopie. Jeder von uns ist ein Original. Unsere Träume und unsere Sehnsucht, unsere Vergangenheit und unsere gegenwärtige Situation, unsere Familie – all das ist einmalig und wird nie wiederkehren, solange die Erde besteht.

Trotzdem sind die wenigsten zufrieden mit sich selbst. Sie möchten anders sein. Vielleicht wie dieser oder jener. Sie wünschen sich eine andere Begabung, eine höhere Position, einen anderen Partner ... Sie denken: »Ja, der andere, dem gelingt alles, aber mir?«

Warum vergleichen wir uns mit einem anderen und bemühen uns, etwas zu sein, was wir aufgrund unserer Veranlagung niemals sein können?

Das heißt nicht, daß wir nicht ein Ziel haben sollen, nach dem wir uns ausstrecken können. Wir sollen da, wo wir sind, nicht stehenbleiben, vielmehr reifen, uns entwickeln, an uns arbeiten. Wir sind Lernende; aber wir sollen unsere Kraft nicht an ein Fehlziel verschwenden.

Wer beispielsweise nicht singen kann, sollte nicht davon träumen, eines Tages ein berühmter Sänger zu werden. Es geht um die Grundvoraussetzung, daß wir mit dem Startkapital, das wir erhalten haben, einverstanden sind. Das betrifft sowohl unsere Herkunft als auch unsere Begabung.

Ganz praktisch heißt das, daß wir die Eltern, die Gott uns zugedacht hat, annehmen. Das ist nicht immer leicht. Es mag für den einen bedeuten, daß er zugibt: »Ich bin das Kind eines Trinkers.« Für einen anderen: »Ich wurde zur Adoption abgegeben und habe meine leiblichen Eltern nie kennengelernt.« Und für einen dritten: »Meine Eltern hatten nie Zeit für mich. Ich war auf mich selbst gestellt« usw.

Unsere Herkunft ist gleichsam das Rohmaterial, aus dem wir geformt wurden. Mit unserer Herkunft und unserer Begabung müssen wir uns zunächst aussöhnen. Es bringt nichts, dagegen zu rebellieren. Wir sollen akzeptieren, was wir nicht ändern können.

Solange wir dagegen ankämpfen oder versuchen, unsere Herkunft zu verstecken, können wir nicht gesund wachsen.

Unsere Herkunft ist kein Schicksal, das für immer unseren Weg festlegt. Gott kann auch aus wenig attraktivem Material ein Kunstwerk schaffen. Desto deutlicher wird seine Meisterhand.

Wie manches Mal begegnen mir Menschen, die leben in einem heimlichen Groll und verletzen damit andere und sich selbst. Und dieser Groll hat seinen Ursprung in der Rebellion. Sie lehnen sich selbst ab, weil sie nicht dem Bild entsprechen, dem sie gerne entsprechen würden. Sie möchten anders sein. Schöner. Größer. Schlanker. Begabter.

Ganz unbewußt kann sich solch ein Denken einschleichen. Darum prüfen Sie sich, ob auch bei Ihnen sich solch ein Phantombild festgesetzt hat.

Schreiben Sie auf die linke Seite des Übungsheftes all die Punkte, die in Ihnen Unbehagen oder auch Unwillen und Ärger hervorrufen. All das, was Ihnen an Ihrer Familiengeschichte nicht gefällt.

Und dann nehmen Sie einen Punkt nach dem anderen und sprechen Sie mit Gott darüber und bitten Sie ihn als Ihren Schöpfer, aus diesem Material etwas zu seiner Ehre zu gestalten.

Etwa folgendermaßen:

Mein Vater war zu sehr mit seinem Beruf beschäftigt,
für mich hatte er keine Zeit.

Ich bin bitter und klage meinen Vater an.

Meine Mutter hat mich ungerecht behandelt
und meinen ältesten Bruder vorgezogen.

Ich fühlte mich immer von ihr abgelehnt.

Ich habe meinen Vater nie kennengelernt. Mein Leben war geprägt von der Suche nach dem verlorenen Vater.

Mein Vater war ein Trinker. Ich habe ihn verachtet und wollte nie Kind eines Trinkers sein.

Und wenn Sie so eine Erinnerung nach der anderen aufgelistet haben, dann kommen Sie zu dem ersten Punkt zurück und machen Sie ein Gebet daraus, etwa folgendermaßen:

Ich danke dir, daß du mir einen Vater gegeben hast. Ich kenne ihn im Grunde nicht und weiß nicht, warum er so geworden ist. Ich gebe dir meine Bitterkeit und Enttäuschung und bitte dich, daß du meine verwundete Seele heilst. Segne meinen Vater. Umhülle ihn mit deiner Liebe.

Ich vergebe meiner Mutter, daß sie meine Bedürfnisse nicht wahrgenommen hat. Ich will keine Bitterkeit in mir dulden. Ich danke dir für die Schwierigkeiten. Ich habe sie als schwere Last empfunden. Aber verwandele sie, daß sie in mir Gutes bewirken und letztlich dazu verhelfen, daß ich mich nach dir sehne.

Ich habe mich oft mit anderen verglichen und sie beneidet. Ich habe mich benachteiligt gefühlt, weil sie einen Vater hatten, der sich um sie kümmerte. Aber ich danke dir für diese Erfahrung. Jetzt kann ich andere verstehen, die in einer ähnlichen Situation aufgewachsen sind wie ich. Und zugleich hat dieses Entbehren mein Herz vorbereitet für dich.

Wenn wir dann zu Gott aufblicken und mit seinen Möglichkeiten rechnen, können wir gar nicht anders, als zu danken.

Danke, daß kein Blatt dem andern, kein Fingerabdruck, kein eigenes Gen dem eines andern gleicht.

Danke . . .

- für die singenden, pfeifenden, zwitschernden Vögel.
- für die schillernden Fische im Aquarium.
- für alles Leben in Flüssen und Seen, auf Dächern und im Geäst der Bäume.
- für die Vielfalt der Arten, die du schufst.
- , daß du auch in mein Leben Farbe und Bewegung brachtest.
- , großer Gott – du bist wirklich ein Künstler.
- , daß du auch aus meinem Leben etwas zu deiner Ehre machst.
- , daß du unser Leben so reich machst.

-, daß du an mir arbeitest, bis ich dir gefalle.

-, daß du auch schwierige Umstände benutzt, um uns dahin zu bringen, wo du uns haben willst.

Danke, daß du mich kennst und dennoch liebst.

-, daß du mir hilfst, mein Chaos zu verwandeln, damit ich wieder Durchblick habe.

-, daß du die Menschen so unterschiedlich begabt hast.

## Fünfter Tag – am Mittag

Wir beginnen wieder mit einem entspannten Aus- und Einatmen, sei es draußen oder vor dem geöffneten Fenster. Wir öffnen unsere Seele weit, wir strecken unsere Arme aus. Scheuen Sie sich nicht. Beobachten Sie sich auch nicht, und haben Sie keine Angst, etwas Ungewohntes zu tun.

Wer sich verändern will, muß auch den Mut haben, sich lächerlich zu machen, und sei es nur vor sich selbst.

Wir brauchen keinen anderen zu kopieren. Wir dürfen wir selbst sein. Aber manchmal ist es gar nicht so einfach herauszufinden, wer man ist. Manch einer ist sein Leben lang auf der Suche, sich selbst zu finden. Er meint noch immer, irgendeinem Bild entsprechen zu müssen.

Vielleicht ist dieses Bild durch die Erwartung der Eltern in uns entstanden, vielleicht durch ein Urteil von außen. Versuchen Sie, sich von diesem Bild zu lösen.

Sie müssen nicht vollkommen sein. Sie dürfen Fehler machen. Sie müssen nicht den Starken spielen. Sie dürfen schwach sein. Sie müssen nicht so tun, als hätten Sie immer Erfolg. Sie dürfen auch Ihre Niederlagen zugeben. Und wenn Ihr Leben aus einer scheinbar endlosen Kette von Fehlschlägen besteht – Sie dürfen Ihre Maske ablegen. Sie dürfen sein, wie Sie sind.

Öffnen Sie Ihre Arme weit und atmen Sie *aus* und *ein* . . .
*aus* und *ein* . . .

Und jedes Ausatmen ist ein Dank in dem Bewußtsein: Du, Herr, kennst mich. Und jedes Einatmen ist ein Dank in dem Bewußtsein: Du, Herr, liebst mich.

Du bist wunderbar, Herr.
Ich sah keinen Ausweg mehr;
es gab keinen Fluchtweg für mich.
Da hast du eingegriffen.
Meine Feinde sind sprachlos;
wie konnte das geschehen?

Herr, mein Gott,
ich konnte nur noch schreien;
da hast du mir
eine neue Chance gegeben.
Ich darf leben.

Sie glaubten mich schon
unter den Toten;
aber du hast mich herausgeholt.
Jetzt sind sie es,
die nicht weiter wissen.

Alle, die ihr zu Gott gehört,
besingt seinen Namen!

Er kann zornig werden,
aber größer noch ist sein Erbarmen.
In der Nacht mögen wir weinen,
am Morgen können wir wieder lachen.

Als alles glatt ging,
dachte ich,
es würde immer so bleiben.
Aber kaum blicktest du weg,
da brach alles zusammen.

Einen Augenblick dachte ich,
über alles erhaben zu sein.
Aber kaum hatte ich
den Kontakt zu dir verloren,
packte mich die Angst.

Da rief ich zu dir.
Was kannst du schon mit mir anfangen,
wenn ich tot bin.
Wenn meine Lippen stumm sind,
wer soll dich dann loben!

So höre, Herr!
Du mußt mir wieder helfen.
Du hast es getan.
Mein Klagelied hast du
in einen Freudentanz verwandelt.
Nicht länger muß ich das Trauergewand tragen;
du hast mir ein Festkleid angezogen.

Eine neue Freude bricht auf.
Wie sollte ich stille sein!
Herr, mein Gott,
ich kann dir nicht genug danken!
(nach Psalm 30)

Und jetzt sammeln Sie wieder Ihren Dank, um ihn Gott als Opfer darzubringen. Aber dieser Dank soll nicht nur in einer Anzahl von Worten bestehen, sondern aus dem Herzen kommen.
     Danke . . .
     -, daß dein Wort Leben ist und in mir Leben schafft.
     -, daß deine Liebe nicht von meiner Leistung abhängig ist.
     -, daß du ein Gott bist, der Schuld vergibt.
     -, daß ich meine Sorge dir abgeben darf.
     -, daß deine Kraft durch meine Schwachheit erkennbar wird.
     - für die Menschen, die du mir zur Seite gestellt hast.

– für die Stimmen meiner Kinder.
–, daß ich ich selbst sein darf.
–, daß du immer Zeit für mich hast.
–, daß du alle meine Gedanken kennst.
–, daß du uns eine Zukunft bereitet hast.
–, daß ich alle meine Sorgen dir abgeben darf.
–, daß . . .

## Fünfter Tag – am Abend

Wenn Gott ja zu mir sagt, darf auch ich mich bejahen. Das bedeutet nicht, daß alles gut ist, was ich tue, aber ich brauche mich nicht mehr wund zu reiben an dem, was war. Ich brauche mich nicht mehr selbst zu bestrafen.

Ich sage ja zu meiner Herkunft. Ja zu meinem So-und-nicht-anders-Sein. Ja zu meiner Unvollkommenheit. Ja auch zu dem, was ich falsch gemacht habe. Ich versuche nicht, mich in ein besseres Licht zu rücken, damit der andere besser von mir denkt. Ich stehe zu mir und meinem Versagen. Ich stehe zu mir und meiner Schuld. Zu dem, was ich getan oder nicht getan habe. Das ist mein Leben. So sieht meine Realität aus. Ich höre auf, vor mir selbst und anderen Versteck zu spielen. Ich nehme mich so an, wie Gott mich angenommen hat, ohne den Versuch einer Rechtfertigung. Ich höre auf, etwas sein zu wollen, was ich nicht bin.

Jeder hat irgendwo seinen ganz speziellen wunden Punkt, sein Problem, an das möglichst niemand rühren darf, das sorgfältig gehütet wird. Aber wenn ich jetzt dazu stehe, brauche ich meine Kraft nicht mehr daran zu verschwenden, diese Sache zu verstecken.

Ein Mensch, der sich von Gott angenommen weiß, kann sich auch selbst annehmen. Und ein Mensch, der sich von Gott geliebt weiß, kann andere lieben. Und ein Mensch, der selbst von der Vergebung lebt, kann anderen vergeben.

So blicke ich weg von mir und meinem Versagen. Meine Schuld ist gesühnt. Jesus hat mit seinem Leben dafür bezahlt. Ich bin freigesprochen. Gott hat mir in Jesus meine Schuld vergeben.

Ich darf meine Maske ablegen und Mensch sein. Gott sagt ja zu mir. Und wenn Gott ja sagt, brauche ich nicht nein zu sagen.

Wenn wir in solch einer entspannten Haltung leben, hat das seine positive Auswirkung. Dann werden wir nicht mehr ängstlich bemüht sein, von anderen anerkannt zu werden. Dann können wir uns auf das konzentrieren, was jetzt dran ist. Hier und heute. Diese kleinen Schritte sind von großer Bedeutung.

Solange ein Mensch bemüht ist, an seinem Ich herumzupolieren und mehr zu sein, besser, schöner, begabter, größer – findet er nie zu seiner eigentlichen Identität. Da bleibt er immer im Defizit und leidet daran und reibt sich wund.

Wir sind das Werk Gottes. Gott ist der Meister, der auch all die Fehler und Irrtümer einbauen kann und so ein Bild ohne Makel entstehen lassen kann, das letztlich sein Können rühmt.

So legen wir diesen Tag ab. Wir legen ihn in die Hände Gottes zurück – damit Gott alles in einen Segen verwandelt. Das Gute und das Böse. Das Schöne und das Schwere.


Herr, ich bin so empfindlich,
so leicht verletzbar.
Das zeigt, wie sehr ich noch mich selbst zum Mittelpunkt mache.
Du bist mein Herr.
Meine Gedanken sollen um dich kreisen.
Um das, was dir gefällt.
Du bist stärker
als alle meine negativen Gefühle,
die mich binden und am Laufen hindern wollen.
Du bist meine Kraft.

Du bist meine Freude.
Ich danke dir.
Du kommst auch mit mir zu deinem Ziel.


Und wieder üben wir uns im Danken.

Danke, daß ich diesen Tag in deine Hände zurücklegen kann,
damit du etwas daraus machst zu deiner Ehre.
Danke . . .
-, daß ich dein Werk bin.
-, daß du dich nicht änderst.
-, daß du mich führst und für mich sorgst.
- für deine Wunder.
-, daß du auch meine Schuld in Segen verwandelst.
-, daß ich in dir das wahre Licht finde.
-, daß diese Welt dir gehört.
-, daß ich mich an deiner Welt freuen kann.
-, daß Sonne und Mond deinen Befehlen gehorchen.
- für deine Weisheit, mit der du die Welt regierst.
-, daß ich ein wenig diese Weisheit erforschen kann.
-, daß ich deiner Zeit vertrauen kann.
-, daß ich in deinem Frieden geborgen bin.
-, daß ich mich nicht zu fürchten brauche.
-, daß ich alles, was ich erlebe, deinen Händen anvertrauen
    kann.
-, daß du weißt, wonach ich mich sehne.
-, daß du mich von allen Seiten umgibst.
-, daß deine Gedanken höher sind als meine Gedanken.

# Der sechste Tag

Und Gott sprach:
Die Erde bringe hervor lebendiges Getier,
ein jedes nach seiner Art:
Vieh, Gewürm und Tiere des Feldes,
ein jedes nach seiner Art.
Und es geschah so.
Und Gott machte die Tiere des Feldes,
ein jedes nach seiner Art,
und das Vieh nach seiner Art
und alles Gewürm des Erdbodens
nach seiner Art.
Und Gott sah, daß es gut war.
Und Gott sprach:
Lasset uns Menschen machen,
ein Bild, das uns gleich sei,
die da herrschen über die Fische im Meer
und über die Vögel unter dem Himmel
und über das Vieh
und über alle Tiere des Feldes
und über alles Gewürm,
das auf Erden kriecht.
Und Gott schuf den Menschen zu seinem Bilde,
zum Bilde Gottes schuf er ihn;
und schuf sie als Mann und Frau.
Und Gott segnete sie und sprach zu ihnen:
Seid fruchtbar und mehret euch
und füllet die Erde
und macht sie euch untertan
und herrscht über die Fische im Meer
und über die Vögel unter dem Himmel

und über das Vieh
und über alles Getier, das auf Erden kriecht.
Und Gott sprach:
Sehet da, ich habe euch gegeben
alle Pflanzen, die da Samen bringen
auf der ganzen Erde,
und alle Bäume mit Früchten,
die Samen bringen, zu eurer Speise.
Aber allen Tieren auf Erden
und allen Vögeln unter dem Himmel
und allem Gewürm, das auf Erden lebt,
habe ich alles grüne Kraut zur Nahrung gegeben.
Und es geschah so.
Und Gott sah an alles, was er gemacht hatte,
und siehe, es war sehr gut.
Da ward aus Abend und Morgen
der *sechste Tag.*

Tagesthema:
## Gott betrachtete sein Werk und sah, daß alles sehr gut war

## Sechster Tag – am Morgen

Offensichtlich haben wir Menschen einen Sehfehler. Wir sehen Dinge oft so verzerrt, und dementsprechend fällt dann unser Urteil aus. Gott aber sieht von einer anderen Perspektive aus. Er sieht anders, als wir sehen. Er sieht mehr. Er sieht bereits jetzt, wie es einmal sein wird. Für ihn ist gestern und morgen eins.

Wie oft reiben wir uns an etwas wund, weil wir einfach das Ganze von unserer Perspektive aus beurteilen. Und wir sind absolut nicht in der Lage, etwas anderes zu sehen. Darum ist es wichtig, daß wir vertrauen lernen. Wir vertrauen uns der Weisheit Gottes an. Seine Gedanken sind nicht unsere Gedanken.

Als Gott all das betrachtete, was er erschaffen hatte, sah er, daß es gut so war. Sehr gut! Da war nichts zu korrigieren, nichts hinzuzufügen. Alles war vollkommen in den Augen Gottes. Denn Gott sah bereits das Ziel. Er sah vom Ziel her.

Wenn wir in unseren Alltagssorgen gefangen sind, beurteilen wir alles von der gegenwärtigen Situation aus, aber wir sehen nicht vom Ziel, vom Ende her. Welch eine Bedeutung haben – von daher gesehen – all unsere Streitigkeiten, unsere Zielsetzungen, unsere Wünsche? Was hat Bestand? So müssen wir uns immer wieder daran erinnern, daß diese Zeit nur Durchgang ist. Auch unsere Probleme haben ein Ende.

Das, was wir sehen, ist nicht das vollendete Bild, es ist nur ein winziger Ausschnitt des großen Kunstwerkes. Es mag in unseren Augen absolut keinen Sinn ergeben. Wir sehen oft nichts als abgebrochene Fäden, wirre Linien, Chaos, Schrecken. Aber das ist unsere Wahrnehmung. Gott sieht etwas anderes. Er sieht, wie es einmal sein wird. Und in seinen Augen ist es gut so, sehr gut.

Auch wenn wir nichts verstehen, so können wir doch Gott zu-
trauen, daß er weiß, was er tut. Dann aber sind wir frei, ihm zu
danken.

Ihr habt so viel Grund,
Gott zu danken.
Er ist euch freundlich gesinnt
und erweist euch große Güte.
Alle, die er aus der Not befreit hat,
sollen in das große Lob einstimmen.

Erinnert ihr euch noch,
wie ihr in der Wüste umherirrtet?
Es gab weder Weg noch Steg,
so sehr ihr auch suchtet.
Da war keine Stadt,
in der ihr wohnen konntet.

Ihr wart hungrig, durstig und deprimiert.
Ihr wart am Ende.
Da erinnertet ihr euch an Gott
und habt zu ihm gerufen
in eurer Not.
Und er hat euch aus euren Ängsten befreit
und euch den richtigen Weg geführt.
So kamt ihr in die Stadt,
in der ihr wohnen konntet.

Jetzt ist es Zeit, ihm zu danken.
Ihr habt seine Güte erfahren
und seine Wunder gesehen.
Eure Seele lag darnieder,
aber Gott hat euch erquickt
und mit Gutem überschüttet.

Erinnert ihr euch noch,
als es ganz finster um euch war

und ihr keine Hoffnung mehr hattet?
Ihr wart gefesselt
und konntet weder vor noch zurück.
Ihr konntet euch nicht selbst befreien.
Die Ketten, mit denen ihr gebunden wart,
waren aus Eisen geschmiedet.
Diese Ketten habt ihr euch selbst angelegt
durch euren Ungehorsam.

Ihr wolltet nicht nach Gott fragen.
Da ließ es Gott geschehen,
daß ihr geerntet, was ihr gesät hattet.
Niemand konnte euch helfen,
so sehr ihr auch nach Hilfe
Ausschau gehalten habt.

Da habt ihr euch an Gott erinnert
und ihm eure Not geklagt.
Und er hat euch
aus euren Ängsten geholfen.
Er hat euch aus der Dunkelheit geführt
und eure Bande zerrissen.

So vergeßt nicht,
Gott für seine Güte
und seine Wunder zu danken.
Er ist der einzige,
der eiserne Türen zerbricht
und die stärksten Riegel sprengt.

Jetzt erkennt ihr,
wie töricht ihr gehandelt habt.
Sünde zahlt sich nicht aus.
Vor lauter Ekel
konntet ihr nichts mehr essen.
Ihr wurdet so krank,

daß ihr alle Hoffnung
bereits aufgegeben hattet.

Da habt ihr euch an Gott erinnert
und zu ihm geschrien.
Und er gab euch sein Wort.
Da wurdet ihr gesund.

Er hat euch aus eurer verzweifelten
Situation herausgerissen.
Ihr brauchtet nicht zu sterben.

So vergeßt nicht, ihm für seine Güte
und für seine Wunder zu danken,
die er getan hat.
Ihr sollt mit Freuden ihm danken
und von ihm erzählen,
was er getan hat.

Und diejenigen,
die mit dem Schiff
auf dem Meer fuhren:
sie hatten sich einen großen Erfolg
versprochen und wollten reich werden
durch den Handel.
Plötzlich brach ein Sturm los,
und die Wellen tobten
und drohten ihre Schiffe zu zerschmettern.
Sie wurden wie ein Spielball
hochgehoben und gleich darauf
in die Tiefe geschleudert.
Sie sahen nur noch den Tod vor Augen.
Sie taumelten in ihrer Verzweiflung
wie ein Betrunkener.
Die Angst schnürte ihnen die Kehle zu.
Ihr kluger Rat war verstummt.

Da erinnerten sie sich an Gott
und schrien vor Angst.
Und er führte sie ans sichere Land.
Er stillte das Unwetter
mit seinem Wort.
Und die Wellen legten sich.
Die Seeleute konnten es nicht fassen
und wußten nicht,
wie sie ihre Erleichterung
zum Ausdruck bringen sollten.
Sie hatten das erwünschte Land erreicht.

Jetzt bleibt nur noch eins,
dem Herrn zu danken.

(nach Psalm 107)


Vertrauen wächst aus dem Vertrautsein. Vertrautsein mit einer Situation – Vertrautsein mit einer Person. Je vertrauter ich mit einer Situation bin, desto mehr bin ich darin geübt, und desto sicherer fühle ich mich. Dasselbe gilt für eine Person. Je länger ich mit dieser Person zusammen bin, desto besser lerne ich sie kennen. Desto vertrauter wird sie mir.

Wer Gott vertrauen will, muß ihn kennenlernen, das heißt er muß viel Zeit in seiner Gegenwart verbringen.

Wer ist nun dieser Gott, dem wir uns anvertrauen? Welche Beziehung hat er zu uns? Er ist kein Fremder, der irgendwo im All thront. Er ist auch keine anonyme Kraft, die das All hervorgebracht hat. Er hat uns seinen Namen offenbart: Jesus, das heißt der Herr ist Rettung.

Dann sehen wir ihn, wie er am Kreuz hängt – um unseretwillen. Gott – zerschlagen – für uns. Da können wir in das Herz Gottes blicken und hören, was der Prophet Jesaja über ihn sagt:

Er hat unsere Krankheit getragen
und unsere Schmerzen auf sich genommen.

Er hat sich um unseretwillen zerschlagen lassen,
und hat unsere Schuld auf sich genommen.
Er hat unsere Strafe getragen,
damit wir freigesprochen würden.
Durch seine Wunden
sind wir geheilt. (Jes. 53,4-5)

Jetzt versuchen Sie, Ihre eigene Geschichte mit diesem Gott in Verbindung zu bringen.

Du hast meine Krankheit getragen.
Du hast meine Schmerzen auf dich genommen.
Du hast dich schlagen lassen – für mich.
Du hast geblutet – um meinetwillen.
Du hast dich vor mich gestellt,
um mein Urteil abzufangen.

Je mehr wir darüber nachdenken, desto dankbarer werden wir. Heute sind es wieder viele Punkte des Dankes.

Danke, daß du, Herr, den Menschen als Mann und Frau erschaffen hast.
Danke, daß du mich in eine Familie hineingestellt hast.
Danke für meinen Vater – er ist einzigartig in der Welt.
Danke für meine Mutter – sie gibt es nicht ein zweites Mal.
Danke für meine Geschwister – keiner ist gleich dem anderen.
Danke für meinen Partner – er ist mein, ich gehöre ihm, und dennoch sind wir nicht des andern Besitz – wohl sein Schatz!
Danke für unsere Kinder – es sind deine Kinder!
Danke . . .
–, daß du selber mein Vater bist.
–, daß du mich geschaffen hast.
–, daß du für mich gestorben bist.
–, daß ich leben darf.
–, daß dein Segen über der Menschheit liegt.
–, daß dein Wort Leben ist.
–, daß dein Wort in mir Leben schafft.
–, daß ich alles, was ich erlebe, dir anvertrauen kann.

-, daß du mich kennst, besser, als ich mich selber kenne.
- für das Kunstwerk meines Körpers.
- für meinen Verstand.
-, daß ich Empfindungen habe.
-, daß du dem Mann die Frau erschaffen hast und der Frau
  den Mann.
- für das Kunstwerk Familie.
- für die Menschen, die du mir zur Seite gestellt hast.
- für das tägliche Brot.
-, daß ich nichts aus mir selbst hervorbringen muß.
-, daß du mich nach deinem Bilde erschaffen hast.
-, daß du mich hoffen lehrst.
- für die Begabungen, die du den Menschen gegeben hast.
-, daß du ein Gott bist, der die Toten auferweckt.
-, daß du uns Menschen hilfst, unserer Verantwortung gerecht zu werden.


## Sechster Tag – am Mittag

Als wir am Morgen aufwachten, waren wir voll guter Vorsätze.
Doch noch ehe wir es gemerkt hatten, waren wir wieder von dem
vertrauten Denkmuster eingefangen. Oft sind es ganz unbedeutende Anlässe, die uns aus der Bahn werfen.
    Ein Beispiel aus dem Alltag:
Sie hatte auf Post gewartet. Aber da war kein Brief. Sie war
enttäuscht und dachte:
    Ich bin abgeschrieben.
    Niemand will etwas mit mir zu tun haben.
    Wozu bin ich überhaupt da?
So verletzen Sie sich nur selbst. Solch ein Denken muß korrigiert
werden, denn hier hat sich ein Denkfehler eingeschlichen. Es
entspricht den Tatsachen, daß kein Brief da war. Aber das heißt

darum noch lange nicht, daß Sie abgeschrieben sind und keiner auf Ihre Person Wert legt.

Bei dieser Art zu denken verfällt einer nur zu leicht in Selbstmitleid und zieht sich zurück. Hier gilt es, sich zu korrigieren und aus dem »Empfänger« einen »Sender« zu machen, also nicht passiv das Negative an sich geschehen lassen und anfangen darüber nachzugrübeln, sondern die positive Chance erkennen und danach handeln. Wie? Sie sind verletzt. Sie fühlen sich beiseite geschoben. Wertlos.

Anstatt in diesem negativen Gefühl zu verharren und sich selbst Schmerzen zuzufügen, sagen Sie sich:

> Ich will versuchen, einem anderen Freude zu machen nach dem Motto: Tu, was du von einem anderen erwartest. Wenn ich keinen Brief erhalte, dann setze ich mich hin und überlege, wen ich jetzt mit einem Brief erfreuen könnte.

Vielleicht wartet dieser andere genauso enttäuscht wie Sie selbst. Also setzen Sie sich hin – und schreiben.

Aber vielleicht hat ein anderes Ereignis einen Schatten auf den Tag geworfen. Ganz gleich, was es ist – anstatt sich von den negativen Gedanken herunterziehen zu lassen, können wir einen positiven Beitrag leisten und einem andern wohltun.

Wir lassen uns so leicht von äußeren Dingen irritieren. Aber auch die unangenehmen Situationen können Gutes hervorbringen.

Vielleicht denken Sie: »Ich brauche eine Ermutigung. Eine finanzielle Aufbesserung. Eine Bestätigung.« Und schon ist Ihre Stimmungslage abhängig von dem, was Sie haben oder nicht haben. Sie warten darauf, daß sich die Umstände verändern, um sich selbst verändern zu können.

»Verändert euch durch die Erneuerung eures Sinnes«, schreibt Paulus (Röm. 12,2). Damit sagt er doch: Das Problem liegt in uns selbst begründet. Nicht in den Umständen. Wir können arm sein – und doch andere beschenken. Wir können schwach sein – und dennoch anderen Kraft geben.

Was wissen wir schon! Unser Wissen ist so begrenzt. Und auf unsere Gefühle können wir nicht bauen. Unser Urteil ist abhängig von unserer jeweiligen Stimmung. Aber all diese winzigen Erfahrungen dienen einem größeren Ziel. Wenn uns das bewußt wird, werden wir nicht mehr so verletzt reagieren, vielmehr gelassen auch eine Enttäuschung hinnehmen können.

Je mehr wir von uns selbst wegsehen und uns mit den Möglichkeiten Gottes befassen, desto gelassener werden wir. Dann können wir schon jetzt mit der ganzen Schöpfung in den großen Lobgesang einstimmen:

Lobet den Herrn!
Lobet ihn in der Höhe!
Lobet ihn, alle seine Engel!
Lobet ihn, all sein Heer!
Lobet ihn, Sonne und Mond,
lobet ihn, alle leuchtenden Sterne!
Lobet ihn, ihr Himmel aller Himmel
und ihr Wasser über dem Himmel!
Miteinander sollen sie
dem Namen des Herrn ihr Lob darbringen.
Er sprach, da wurden sie geschaffen.
Er läßt sie bestehen für immer und ewig.
Er setzt eine Grenze,
die dürfen sie nicht überschreiten.

Lobet den Herrn auf Erden,
ihr großen Fische
und alle Tiefen des Meeres,
Feuer, Hagel, Schnee und Nebel,
Sturmwinde, die sein Wort ausrichten,
ihr Berge und alle Hügel,
fruchttragende Bäume und Zedern,

ihr Tiere und alles Vieh,
Gewürm und Vögel,
ihr Könige auf Erden und alle Völker,
Fürsten und Richter auf Erden,
Männer und Frauen,
Alte mit den Jungen!
Lobet den Namen des Herrn;
denn sein Name ist hoch,
seine Herrlichkeit erfüllt
Himmel und Erde.
(nach Psalm 148)

Wird es uns schwer, alle jene Anlässe zu finden, für die wir danke sagen können? Hier folgen wieder einige Anregungen:

Ich danke DIR . . .

–, daß wir dich loben dürfen.

–, daß du den Menschen zur Freiheit berufen hast.

–, daß du Kraft genug hast für den, der keine Kraft hat.

–, daß dein Wort um die ganze Welt läuft.

–, daß du versprochen hast, uns nicht zu verlassen.

–, daß du uns dein Wort anvertraut hast.

–, daß du die Herzen der Menschen lenken kannst wie Wasserbäche.

–, daß du Mauern niederreißen kannst.

–, daß auch die Naturgewalten zu deinem Dienst bereit stehen.

–, daß selbst die größten Katastrophen in deinen Händen verwandelt werden.

–, daß du dieser Welt eine Zeit bestimmt hast.

–, daß du wiederkommen wirst.

–, daß du Wort hältst.

–, daß . . .

Heute will ich nichts anderes tun als mich an dir zu freuen und dich zu loben und vor dir mein dankerfülltes Herz ausleeren – ich lese den Psalm noch einmal – das Loblied deines Volkes – und noch einmal. Denn dein Name ist groß und deine Herrlichkeit erfüllt Himmel und Erde und mein Herz.

Und ich danke dir.

## Sechster Tag – am Abend

Zum Tagesausklang wollen wir noch einmal die Ereignisse des vergangenen Tages an uns vorüberziehen lassen und dabei bedenken, daß alles, was uns begegnet ist, ob es gut war oder nicht, in Segen umgewandelt wird, wenn wir es in die Hände Gottes geben.

Es sind ja vor allem die negativen Erlebnisse, die so nachhaltig unsere Stimmung beeinflussen. Es wäre nicht gut, negative Erlebnisse einfach zu verdrängen und so zu tun, als wäre alles in Ordnung. Wir dürfen ehrlich sein. Niemand braucht den starken Helden zu spielen. Wir dürfen auch schwach sein. Wir dürfen Angst haben. Wir dürfen niedergeschlagen sein. Aber wir sollen nicht dabei stehenbleiben, uns vielmehr darin üben, von den Schwierigkeiten wegzusehen und sie dem größeren Ziel unterzuordnen: Im Frieden und intensiv mit Gott und Menschen leben und aus dem Dank Ermutigung und neue Perspektiven erhalten zu können.

Diese Übung sollte täglich wiederholt werden, bis sie zu einer festen Gewohnheit geworden ist.

Bevor wir mit der Einübung begannen, haben wir versucht, das Chaos zu ordnen; wir haben das, was als Schuld zwischen Gott und uns stand, vor Gott gebracht und Gott – oder auch einen Menschen – um Verzeihung gebeten.

So haben wir uns am ersten Tag dem Licht gestellt und uns geöffnet, damit das göttliche Licht auch unsere letzten Winkel durchleuchtet.

Am zweiten Tag haben wir unsere gegenwärtige Situation betrachtet mit dem Gedanken, daß niemand über uns herrschen soll, weder Vergangenes oder Gegenwärtiges noch Zukünftiges, sondern allein der Gott, der uns liebt.

Am dritten Tag haben wir uns als Teil dieser Schöpfung gesehen und uns daran erinnert, daß wir nicht für uns selbst geschaffen wurden, sondern dazu, zu reifen und Frucht zu bringen.

Am vierten Tag haben wir uns von allen falschen Sicherheiten befreit, um unsere Sicherheit in Gott allein zu finden.

Am fünften Tag konnten wir uns so sehen, wie wir sind, in all unserer Schwachheit, unserem Nicht-Entsprechen, unserem Fehlen.

Am sechsten Tag nun wollen wir das, was uns bis dahin wichtig war, hinter uns lassen. Wir wollen uns nicht länger mit uns selbst und unseren Bedürfnissen beschäftigen, um frei zu sein für die Aufgabe, die Gott uns gegeben hat.

Nicht unglückliche Umstände sollen Zentrum unseres Denkens werden, und das, was ein anderer uns an Verletzungen zugefügt hat, wollen wir nicht länger hin und her wälzen; auch wollen wir uns nicht mehr mit unserer Schuld und unserem Zukurzgekommensein, unserem Versagen oder dem Versagen der Eltern oder der Umwelt befassen. Wir wollen wegsehen von all dem, was uns hindert; ablegen, was uns träge macht und am Laufen hindert.

»Legt ab, was euch beschwert«, rät der Schreiber des Hebräerbriefes (12,1-2). Das, was uns hemmt und beschwert, sollen wir beiseite legen. Nicht verdrängen, sondern von uns werfen. Wegstoßen.

Was ist es, das uns träge macht und hindert? Sind es nicht die heimlichen Selbstvorwürfe, das vergebliche Mühen, das Schicksal zu zwingen? Die Enttäuschungen und Bitterkeiten? In seiner Güte sagt Gott:

Denkt nicht an das, was früher war.

Schenkt dem, was vergangen ist,

keinerlei Aufmerksamkeit.
Denn ich bin da.
Ich will etwas Neues schaffen.
Es keimt bereits und wächst,
seht ihr das denn nicht?
(nach Jes. 43,18-19)

Wir sollen wegsehen von uns und dann »aufsehen auf Jesus, den
Anfänger und Vollender des Glaubens«. Wir sollen auf das sehen, was er getan hat. Wir sollen daran denken, wie er gelebt hat,
wie er sich denen gegenüber verhalten hat, die ihn aus dem Weg
schaffen wollten. Wie er Spott und Verleumdung erduldet hat
und Schande ertrug, ja, auch vor der Verachtung am Kreuz nicht
zurückschreckte. Gemessen an dem Leiden Gottes verblaßt alles Leiden dieser Welt.

Aufsehen auf Jesus. Weg von dem, was uns kränkt. Weg von
dem, was uns hemmt. Weg von dem, was uns bindet. Wir sind zur
Freiheit bestimmt.

Herr! Sieh deinen Erwählten an, wie er sich freut.
Aber der Grund seiner Freude bist du.
Er freut sich,
weil du ihm geholfen hast.

Er hatte einen Wunsch,
tief in seinem Herzen verborgen
und du hast ihm diesen Wunsch erfüllt.
Du hast ihm seine Bitte
nicht abgeschlagen.

Du überschüttest ihn mit Gutem;
du hast ihm ein königliches Willkommen bereitet.

Er bittet dich um Leben.
Und du gibst ihm mehr als nur das;
du gibst ihm Leben,
das kein Ende hat.

Durch dich hat er alles,
was er sich nur denken kann.
Es gibt nichts,
was er sich noch wünschen könnte.

Darüber hinaus
schenkst du ihm Freude
an deiner Gegenwart.

Ist er nicht königlich beschenkt?
So setzt er alle seine Hoffnung auf dich.
Und deine Güte wird ihn halten.

Wir brauchen dir gar nicht die Namen
deiner Feinde zu nennen.
Du findest sie im Dunkeln.
In deinem Feuer können sie nicht bestehen.
In deinem Zorn wirst du sie zunichte machen.
Und das, was von ihnen gekommen ist,
hat keinen Bestand.

Sie wollten dir Schaden zufügen.
Daß ich nicht lache!
Wo sind sie jetzt?
Kaum haben sie gemerkt,
daß sie gegen dich nicht ankommen,
haben sie die Flucht ergriffen.
Aber du hast dich ihnen in den Weg gestellt
und ihnen ins Gesicht gezielt.

Herr, zeige uns deine Kraft.
Laß uns erkennen, wie groß du bist;
dann wollen wir noch lauter singen
und noch mehr
deine Macht loben.

(nach Psalm 21)

So wollen wir lernen, von uns wegzusehen, um ihn selbst zum Zentrum unseres Lebens zu machen. Und das können wir am besten, indem wir anfangen zu danken.

Danke . . .

-, daß du mich geschaffen hast.

-, daß ich ein Unikat bin.

-, daß jeder Mensch ein Unikat ist.

- für deinen Heiligen Geist, der uns führt.

-, daß wir von deinen Wundern umgeben sind.

-, daß wir in deinem Frieden geborgen sind.

-, daß wir uns auf deine Treue verlassen können.

-, daß es keine größere Freude gibt, als dich zu kennen.

-, daß du unsere Hoffnung bist.

-, daß wir dein Wort studieren können.

-, daß wir an den Schwierigkeiten etwas Neues lernen können.

-, daß dein Geist uns in alle Wahrheit einführt.

-, daß du meinem Nachbarn in seiner Schwierigkeit geholfen hast.

-, daß XY einen neuen Arbeitsplatz gefunden hat.

-, daß es meinem Freund besser geht.

-, daß wir uns als Gemeinde versammeln dürfen.

-, daß wir wie Glieder eines Leibes füreinander einstehen dürfen.

-, daß . . .

# Der siebente Tag

So wurden Himmel und Erde vollendet
mit ihrem ganzen Heer.
Und so vollendete Gott am siebenten Tage
seine Werke, die er machte,
und ruhte am *siebenten* Tage
von allen seinen Werken, die er gemacht hatte.
So sind Himmel und Erde geworden,
als sie geschaffen wurden.

Tagesthema:
## »Es ist vollbracht« (Joh. 19,30) – Tag des Dankes

## Siebenter Tag – am Morgen

Sechs Tage lang waren wir mit uns selbst beschäftigt, mit unseren Problemen und Schwierigkeiten, mit dem, was uns bindet und unfrei macht. Sechs Tage lang haben wir immer wieder über unsere Ketten reflektiert, die uns daran hindern, uns aufzuschwingen wie ein Vogel.

Wir haben uns bemüht, diesen Feind aufzuspüren, der da im Dunkeln seine Pfeile schießt, um uns zu verwunden. Wir haben dem Dunklen einen Namen gegeben, um es unschädlich zu machen. Und dann haben wir versucht, ein positives Bekenntnis einzuüben. Durch einen Dank. Durch einen Lobpreis. Durch ein Umdenken. Durch ein neues Tun.

Doch in diesem allen waren wir vorwiegend mit uns selbst und unserer Problematik beschäftigt. Auch unser Dank war auf uns bezogen, als sei Gott nur um unsretwillen da: Danke, daß du *mir* . . . Danke, daß *ich* . . .

Wer jedoch etwas von diesem Frieden, der Ruhe Gottes erfahren möchte, der muß sich selbst vergessen. Der muß aufhören, etwas aus sich machen zu wollen.

Solange wir selbst Mittelpunkt unseres Denkens sind, werden wir keine Ruhe haben. Und wenn wir unseren Frieden abhängig machen von Dingen oder auch von anderen Menschen, können wir nicht zur Ruhe kommen. Wir mögen uns eine Zeitlang darüber hinwegtäuschen; aber früher oder später werden wir erneut gefangen.

Wenn Gott sagt, »Fürchte dich nicht, denn ich habe dich erlöst; ich habe dich bei deinem Namen gerufen; du bist mein« (Jes. 41,10), so spricht Gott damit nicht nur einen einzelnen an, sondern sein Volk, das er liebt.

Wir sind nicht allein. Wir gehören zu der großen Familie Gottes. Nur miteinander können wir das Werk ausrichten, zu dem wir geschaffen sind.

Einer braucht den andern. Was dem einen fehlt, kann ein anderer einbringen. Niemand kann einen anderen beiseite tun und sagen: »Ich brauche dich nicht.« Vielleicht ist es gerade dieser eine Bruder, den wir so absolut nicht ausstehen können, den wir am nötigsten brauchen. Oder vielleicht ist es gerade diese Schwester, die uns auf die Nerven geht, durch die wir etwas Besonderes lernen sollen, was dann dem Ganzen zugute kommt.

Der Mensch verliert so leicht den Bezug zu dem Großen. Er ist so sehr mit sich selbst und seinen Zielen beschäftigt, daß er vergißt, daß und wozu er geschaffen wurde.

Es geht hier nicht nur um die große Menschenrasse, die aus vielen Völkern zusammengesetzt ist; es geht um die innigste Verbindung, die denkbar ist: Alle, die an Jesus glauben, sind ein Glied seines Leibes.

Auch das unscheinbarste Glied an diesem Leib hat eine wichtige Funktion. Nur wenn einer für den anderen einsteht, kann der Leib das ausrichten, wozu er erschaffen wurde.

Miteinander bilden wir diesen geheimnisvollen Organismus, der durch den einen Geist belebt wird.

Vielleicht weiß der eine oder andere noch nicht, wo sein Platz ist. Er weiß nicht, ob er Hand oder Fuß darstellt, Auge oder Mund. Aber das ist auch gar nicht wichtig. Denn wenn wir es wüßten, würden wir uns nur erneut beobachten und miteinander messen. Statt dessen aber tun wir das, was wir tun können, dort, wo wir sind, in dem Bewußtsein, daß es nicht um unser Wohl geht, sondern um das Wohl des Leibes.

Aber vielleicht genügt das dem einen oder anderen nicht. Er denkt: »Wenn ich dies oder jenes hätte, könnte ich ein brauchbarer Diener Gottes sein.« Oder: »Wenn ich wenigstens in dieser einen Sache erfolgreich wäre, könnte ich etwas darstellen.«

Ob wir etwas vorzuweisen haben oder nicht, ob wir in unseren Augen erfolgreich sind oder nicht, das spielt gar keine Rolle. Gott sieht unser Herz. Er weiß, ob wir ihn lieben wollen.

Und wenn wir ihn von Herzen wollen, so wird er uns alles geben, was wir brauchen, um ihm zu gefallen.

»Lernet von mir«, sagt Jesus, »dann werdet ihr Ruhe finden für eure Seelen« (Matth. 11,28). Was sollen wir lernen? Er war gehorsam, auch als sein Weg ans Kreuz führte.

So liegt das Geheimnis eines erfüllten Lebens im aufmerksamen Hinsehen auf Jesus und in der Nachfolge – und darin verbirgt sich die Freude. Hier erfahren wir diesen Frieden, der alle Vernunft übersteigt (Phil. 4,7). Wenn wir Teil seines Leibes sind, was sollte uns dann schon geschehen? Er, der Christus, ist unser Haupt. Er trifft die Entscheidung für den Leib. Er trägt die Verantwortung. Er sorgt für uns.

Und wir tragen die Entscheidung für unsere Bereitschaft, von ihm zu lernen und das Erlernte in Taten umzusetzen. Und so dürfen wir in Gottes »Sabbatruhe« eintreten. Hier finden wir Ruhe. Nicht weil unser Tagewerk vollkommen gelungen wäre. Sondern weil er uns in seine Ruhe ruft. Hier gewinnen wir die Kraft für die Anforderungen der nächsten Woche – sieben neue Tage voller Mühsal, voller Segen, voller Dank!

So wollen wir uns selbst vergessen und der Aufforderung des Psalmsängers nachkommen, der uns zuruft:

Kommt und bringt unserem Herrn
alles, was ihr habt.
Legt es ihm zu Füßen.
Er ist gewaltig.
Er ist unvorstellbar herrlich.

Das Rufen des Herrn
erhebt sich über das Rauschen des Wassers
wie Donner über dem Brüllen des Meeres.

Sein Rufen erfüllt den ganzen Erdkreis.
Niemand kann sich seiner Kraft entziehen.

Seine Stimme zerbricht das Hohe und Stolze.
Selbst Berge tanzen vor ihm.

Es ist wie ein wilder Tanz,
im Feuerregen wirbeln
die sonst unerschütterlichen Eichen.

In Ehrfurcht fällt alles nieder
und ruft: »Wunderbar!«

Über den Fluten
hat Gott seinen Thron errichtet.
Von dort regiert er
in Ewigkeit.

Der Herr macht seine Leute stark.
Er gibt den Seinen Frieden.

(nach Psalm 29)

Dafür und für vieles andere danken wir.

Danke . . .
– für die Freude.
–, daß du uns das Leben gegeben hast.
– für die Herrlichkeit, die du bereitet hast.
– für deinen Frieden, der nicht von Menschen abhängig ist.
–, daß du alles unter deiner Kontrolle hast.
–, daß deine Schöpferkraft das Nichtseiende ins Sein gerufen
hat.
–, daß du das, was du begonnen hast, auch vollenden wirst.
–, daß du dein Leben mit uns teilst.
–, daß du uns ein Leben gegeben hast, das unvergänglich ist.
Danke für die Ruhe dieses Tages.

## Siebenter Tag – am Mittag

Am Mittag des siebenten Tages wollen wir uns vermehrt mit Gott und seinem Wort beschäftigen. Wir wollen ja Gott zum Zentrum unseres Denkens machen. Wir wollen frei werden von dem, was uns knechtet. Wir wollen nicht länger Gefangene sein.

Kennen Sie den 126. Psalm?

> Wenn der Herr die Gefangenen Zions erlösen wird,
> werden wir wie Träumende sein.
> Dann werden wir lachen und seine Macht rühmen.
> Andere Völker werden es sehen und sagen:
> Sie sind so fröhlich,
> weil der Herr Großes an ihnen getan hat.
>
> Herr, bringe wieder unsere Gefangenen,
> bringe einen Freudenregen in unser verdorrtes Leben.
>
> Die mit Tränen säen
> werden mit Freuden ernten.
> Sie gehen hin und weinen
> und streuen ihren Samen
> und kommen mit Freuden
> und bringen ihre Garben.

Sie bringen ihre Garben – es sind die Garben, die Gott gewirkt hat. Er wirkt die Frucht. Nicht wir. Und in dem Maße, wie wir uns ihm anvertrauen, will er in uns und durch uns handeln. Da will er aufbauen, was in Trümmern liegt. Und je mehr wir uns mit Gott befassen und darüber nachsinnen, was er getan hat und was er sagt, desto besser kann Gott das in uns und durch uns ausrichten, was er tun will.

Bei Gott gibt es keine Hektik und keine Panik. Nichts bedarf der Verbesserung. Da ist auch keine Angst, seine Schöpfung könnte ihm entgleiten. Kein heimliches Bangen, der Mensch könnte zu groß werden oder zu stark. Und wenn sie spotten und sich brüsten, als wären sie die Herren der Welt – der im Himmel wohnt, lacht über ihr Bemühen (Psalm 2,4).

Als Gott Himmel und Erde gemacht hatte, breitete sich ein tiefer Friede aus. Es ist die Ruhe der Vollendung. Wir aber sehen oft nichts als Chaos. Da sind Erdbeben. Überflutungen. Stürme. Kriege. Unfall. Krankheiten. Und Gott schweigt.

Und als Jesus am Kreuz starb, rief er wie ein Triumphator aus: »Es ist vollbracht.« In den Augen der Menschen war es eine absolute Niederlage, aber in den Augen Gottes der endgültige Sieg.

Und wieder sind wir blind. Wir sehen Ungerechtigkeit, Streit, Zerstörung und Auflehnung. Der Glaube ist zerbrochen in unzählige Splittergruppen, wo jeder sich bemüht, seine Ansicht zur Norm zu machen, wo jeder seinen Glauben als die Wahrheit verkauft . . .

»Es ist vollbracht.« Das Werk der Versöhnung ist vollendet. Es braucht nichts mehr hinzugefügt zu werden.

Da ist blutiger Krieg, wo Freunde zu Feinden werden. Da ist Haß und Betrug, Selbstsucht, wo jeder nur den eigenen Vorteil sucht. Doch im Kreuz hat Gott das Böse gerichtet. Das Alte ist vergangen. Ein Neues ist geworden. Eine neue Schöpfung. Ein neuer Mensch. Auch wenn wir dieses Neue jetzt noch nicht erkennen.

Unser Leben reicht nicht aus, um all das zu erforschen, was Gott erschaffen hat. Und wenn die klügsten Denker aller Jahrhunderte sich vereinen würden; menschlicher Geist kann niemals erfassen, was Gott in seiner Weisheit erschaffen hat. Wir mühen uns ab und hasten von einem Tag zum andern – und was erreichen wir damit?

So atmen Sie alles eigene aus – und lassen Sie sich von Gott selbst beschenken.

Meine Schuld – dein Vergeben.

Mein Versagen – dein Sieg.

Meine Ohnmacht – deine Kraft.

Meine Krankheit – dein Heil.

Meine Angst – deine Zuversicht.

Mein Sterben – dein Leben.

Meine Hektik – deine Ruhe.

Meine Vergänglichkeit – deine Ewigkeit.

Welch ein Tausch!

Am Ende der Tage, wenn der Schleier von unseren Augen weggenommen wird, werden wir sehen, was wir jetzt nicht sehen können. Dann werden wir erkennen, mit welch einer Liebe Gott über uns gewacht und mit welch einer Liebe er uns geführt hat. Dann werden wir beschämt schweigen, und es wird nur das eine Bedauern sein, daß wir uns dieser Liebe nicht völliger hingegeben und ihr nicht mehr vertraut haben . . . Darum ermuntert uns der Apostel Paulus:

Freuet euch in dem Herrn zu jeder Zeit,

und noch einmal sage ich: Freuet euch! . . .

Sorget euch um nichts,

sondern in allen Dingen laßt eure Bitten in Gebet und Flehen mit Danksagung vor Gott kundwerden.

Dann wird der Friede Gottes,

der alle Vernunft übersteigt,

eure Herzen und Gedanken bewahren

in Christus Jesus . . . (Phil. 4,4-7)

Am Ende dieser Woche sammeln wir unseren Dank ein, damit unsere Körbe gefüllt sind. Wir ermuntern uns gegenseitig und warten darauf, daß auch unser Bruder, unsere Schwester einbezogen wird. Denn das ist unsere Freude, unser Glück, wenn wir sehen, daß auch sie Gott ihren Dank darbringen.

Danke, daß du alles so wunderbar gemacht hast.

Danke, daß . . .

Danke für . . .

Wir werden still – ganz still

Wir ruhen in ihm, der unser Leben ist.

Wir erleben Stille.
Stille.
Wir sind still, ruhen im Frieden Gottes.

## Siebenter Tag – am Abend

»Ich lobe dich des Tages siebenmal«, sagt der Sänger des 119. Psalms. Und nun wollen auch wir wieder unser Dankopfer bringen. Heute am siebten Tag haben wir nun sieben Körbe mit unserem Dank gefüllt und festgestellt, daß all die Gründe, die wir aufzählen, noch viel zu wenig sind.

So sind wir umgeben von der Güte Gottes und seiner Barmherzigkeit, die kein Ende hat, vielmehr jeden Morgen neu ist. Seine Treue ist groß.

Weil Gott nicht müde wird, uns Gutes zu tun, wollen auch wir nicht müde werden, ihm zu danken. Dabei spielt es keine Rolle, daß wir immer wieder auch für dieselben Punkte danken. Es ist ja seine Liebe, die jeden Tag uns aufs neue umgibt. Warum sollten wir ihm dann nicht jedesmal erneut dafür danken?

Danke für die vergangene Woche.

Danke . . .

–, daß wir immer etwas Neues lernen dürfen.

–, daß du immer derselbe bleibst.

–, daß du Gedanken des Friedens hast.

–, daß wir alles, was wir erleben, deinen Händen anvertrauen können.

–, daß du nicht müde wirst, uns Gutes zu tun.

–, daß du das Heil dieser Welt bist.

–, daß du allein die Wahrheit bist.

–, daß wir uns auf dich verlassen können.

–, daß wir unsere Sorge dir abgeben können.

–, daß du unsere Last trägst.

- für das tägliche Brot.
- für die Kinder.
-, daß du die Antwort auf alle Fragen weißt.
-, daß wir dir nie ungelegen kommen.
-, daß du unsere Hoffnung bist.
-, daß deine Herrlichkeit Himmel und Erde erfüllt.
-, daß du allein gerecht bist.
-, daß du vollkommen bist.
-, daß du das höchste Glück bist.
- für deinen Heiligen Geist.
-, daß Jesus in uns lebt.
-, daß du alles in allem bist.
-, daß . . .

Lauter Punkte des Dankes. Welch ein Gott, der uns mit so viel Freundlichkeit umgibt und in dieser Liebe für uns sorgt.

Wir wollen uns mehr noch als bisher mit Gott beschäftigen und darüber nachdenken, wer er ist, was er getan hat, was er über sich, über uns, über die Schöpfung sagt. Wir wollen ihm den Platz in unserem Leben einräumen, der ihm zusteht: den Platz in der Mitte, um den sich unser Leben dreht. Das ist Anbetung.

Wir wollen es von ihm hören und darüber nachdenken, wie groß er ist. Unvorstellbar, wie herrlich. Wunderbar. Die Schöpfung ist ja nur ein schwacher Abglanz seiner Größe. Und wenn es schon nicht möglich ist, das, was Gott in seiner Weisheit erschaffen hat, auszuloten, wie viel weniger ist es möglich, den Schöpfer selbst zu erfassen.

In dem Maße, wie wir Gott kennenlernen, werden seine Interessen für uns an Bedeutung gewinnen. Da wird sein Reich wichtiger für uns werden als unser kleines, persönliches Reich. Und seine Ehre wichtiger als unsere eigene Ehre. Ganz sorglos werden wir so entscheiden. Er selber sorgt ja für uns.

Aber aus eigener Kraft gelingt uns das nicht. Wir sind mit unseren Problemen verwachsen. Unser Blick ist wie gebannt von dem, was um uns herum geschieht. Es sei denn, wir geben dem

Geist Gottes in uns Raum, so daß Jesus sein Leben in uns und durch uns leben kann. Dann ist es nicht unsere Kraft – sondern die Kraft Gottes. Nicht unsere Weisheit – sondern die seine.

Und je mehr einer Gott zum Mittelpunkt seines Denkens macht, desto gelassener wird er.

Aber wer ist nun dieser Gott, dem wir uns anvertrauen wollen?

Er ist . . .

Unbegreiflich (Röm. 11,33) – und doch erfahrbar (2. Mo. 6,7).

Schrecklich (2. Mo. 15,11) – und herrlich (Ps. 8,2).

Heilig (Jes. 6,3) – und barmherzig (2. Mo 34,6).

Gnädig (2. Mo. 22,26) – und ein Rächer (Nah. 1,2).

Gerecht (2. Mo. 9,27) – und treu (5. Mo. 7,9).

Herr ist sein Name (2. Mo. 6,3).

Der Allerhöchste (5. Mo. 32,8).

Der Himmel und Erde geschaffen hat (1. Mo. 14,22).

Der Allmächtige (1. Mo. 17,13).

Der Ewige (Ps. 93,2).

Der Vater (Jes. 63,16).

Der Friedefürst (Jes. 9,5).

Der König aller Könige (Ps. 89,28).

Der Hirte, der seine Herde führt (Ps. 23).

Der Heiland derer, die ihm vertrauen (Ps. 17,7).

Der Erlöser (Jes. 54,8).

Der Gütige, dessen Güte reicht, soweit der Himmel ist (2. Mo. 9,27).

Der Richter der Welt (1. Mo. 18,25).

Der Gnädige, der Schuld vergibt (Neh. 9,17).

Der Geduldige (3. Mo. 14,18).

Der Helfer (Ps. 40,18).

Der eine, der uns nicht verlassen noch verderben wird (5. Mo. 4,31).

Der Erretter (Ps. 40,18).

Er ist unser Fels (5. Mo. 32,4) und unsere Burg (Ps. 18,3).

Er ist der Hort, auf den wir trauen (Ps. 18,3).

Unser Schild (1. Mo. 15,1), der die vergifteten Pfeile des Feindes abfängt, damit sie uns nicht treffen.

Er ist die Quelle des Heils (Jer. 2,13). Wenn wir daraus schöpfen, werden wir heil, ganz gleich wie schwer der Schaden war (Ps. 103,3).

Er ist unser Schutz (2. Sam. 22,3).

Unsere Zuflucht (Ps. 59,17).

Unser Heiland, der uns in Zeiten der Gewalt schützt (2. Sam. 22,3).

Der verborgene Gott (Jes. 45,15).

Er hat sich uns in Jesus zu erkennen gegeben, denn Jesus sagt: »Wer mich sieht, der sieht den Vater« (Joh. 14,9).

Jesus hat uns den Namen des Vaters offenbart (Joh. 17,6+26) und das Wesen Gottes enthüllt. Und so wie der Vater von sich sagen konnte: »Ich bin der Erste und der Letzte« (Jes. 44,6), so sagt auch der Sohn von sich: »Ich bin der Erste und der Letzte . . ., der da ist und der da war und der da kommt, der Allmächtige« (Offb. 1,8).

Er ist der Richter, dem alles Gericht übertragen worden ist (Joh. 5,22) und der über Tote und Lebendige Recht sprechen wird (Offb. 20,12).

Der den Müden Kraft gibt und Stärke genug den Unvermögenden (Jes. 40,29), und der den glimmenden Docht nicht auslöscht und das zerknickte Rohr nicht zerbrechen wird (Matth. 12,20).

Der unsere Krankheiten getragen und unsere Schmerzen auf sich genommen hat, durch dessen Wunden wir geheilt sind (Jes. 53,4-5).

Das Lamm Gottes, das die Sünde der ganzen Welt trägt (Joh. 1,29).

Er ist es, durch den Gott rettet (Matth. 1,21).

Immanuel ist sein Name, Gott mit uns (Matth. 1,23).

Er ist das Wort, durch das die Welt erschaffen wurde (Joh. 1,3).

Er ist unser Friede (Eph. 2,14).

Er ist die Auferstehung und das Leben (Joh. 11,25).

Er ist die Tür und der Weg (Joh. 10,9; 14,6).

Er ist die Wahrheit (Joh. 14,6).

Er ist das Licht der Welt (Joh. 8,12).

Der gute Hirte, der sein Leben für seine Schafe läßt (Joh. 10,12).

Der dem Tode die Macht genommen hat (2. Tim. 1,10).

Er ist ein Erbarmer (Jak. 5,11), dessen Barmherzigkeit von Generation zu Generation währt (Luk. 1,50) und der den nicht von sich stoßen wird, der zu ihm kommt (Joh. 6,37).

Der wunderbare Rat (Jes. 9,5).

Er ist der König aller Könige, Herr aller Herren (1. Tim. 6,15).

In ihm wohnt die ganze Fülle der Gottheit (Kol. 2,9).

Er ist unser Vater, der uns liebt (Joh. 16,27).

Wir haben in den Abgrund unseres Gefängnisses geblickt. In den Abgrund der Schuld. Den Abgrund der Nacht. Und jetzt wollen wir in den Abgrund der unveränderlichen, unvergänglichen Liebe blicken. Dieser Liebe, die das Weltall schuf. Dieser Liebe, die unermeßlich ist. Dieser Liebe, die aufrichtet und heilt und aus dem Tod neues Leben schafft.

Unser Gott ist Liebe (1. Joh. 4,16). Wir sind mit einer Liebe geliebt, die alle Erkenntnis übersteigt (Eph. 3,19). Einer Liebe, die reinigt und heilt, aufrichtet und zu neuem Leben erweckt. Dieser Liebe können wir uns öffnen.

Haben Sie Angst, sich dieser Liebe anzuvertrauen? Dieser Liebe, die das Äußerste für uns gegeben hat? Die uns das Leben gegeben hat und jetzt in uns ihr Leben leben will?

Diese Liebe Gottes ist ausgegossen in unser Herz durch den Heiligen Geist (Röm. 5,5). Unsere Aufgabe ist es, der Liebe Raum zu geben. Dann können wir mit Paulus sagen: »Nicht mehr ich, sondern Christus lebt in mir« (Gal. 2,20). »Christus in uns, die Hoffnung der Herrlichkeit« (Kol. 1,27) – das ist das Geheimnis eines erfüllten Lebens.

Wie aber können wir diesem Herrn in unserem Leben Raum geben? Indem wir ihm danken. Ihn loben. Ihn anbeten und tun, was er uns sagt.

Um ihn noch besser kennenzulernen, wollen wir einige Stellen des Alten und Neuen Testamentes lesen. Sprechen Sie bitte diese Worte laut und langsam, damit jedes Wort in Sie eindringen kann.

Siehe, ich habe dir geboten, daß du getrost und freudig seist. Laß dir nicht grauen und entsetze dich nicht; denn der Herr, dein Gott, ist mit dir in allem, was du tun wirst. (Jos. 1,9)

Warum sprichst du denn, Jakob, und du, Israel, sagst: Mein Weg ist dem Herrn verborgen, und er kümmert sich nicht um mein Recht. Weißt du es nicht? Hast du nicht davon gehört? Der Herr, der ewige Gott, der die Erde geschaffen hat, wird nicht müde noch matt, sein Verstand ist unausforschlich. (Jes. 40,28)

Er gibt dem Müden Kraft und Stärke genug dem, der nichts vermag. (Jes. 40,29)

Männer werden müde und matt, und Jünglinge straucheln und fallen; aber die auf den Herrn harren, kriegen neue Kraft, daß sie auffahren mit Flügeln wie Adler, daß sie laufen und nicht matt werden, daß sie wandeln und nicht müde werden. (Jes. 40,30)

So spricht der Herr: Fürchte dich nicht, ich bin mit dir; weiche nicht, denn ich bin dein Gott. Ich stärke dich, ich helfe dir auch, ich halte dich durch die rechte Hand meiner Gerechtigkeit. (Jes. 41,10)

Fürchte dich nicht, ich helfe dir!

Fürchte dich nicht, du Würmlein Jakob, du armer Haufe Israel. Ich helfe dir, spricht der Herr, und dein Erlöser ist der Heilige Israels. (Jes. 41,14)

Das geknickte Rohr wird er nicht zerbrechen, und den glimmenden Docht wird er nicht auslöschen. (Jes. 42,3)

Fürchte dich nicht, denn ich habe dich erlöst; ich habe dich bei deinem Namen gerufen: du bist mein! (Jes. 43,1)

So spricht der Herr, euer Erlöser, der Heilige Israels: Ich habe die Riegel eures Gefängnisses zerbrochen. Ich tilge deine Missetat wie eine Wolke und deine Sünden wie den Nebel. Kehre dich zu mir, denn ich erlöse dich! (Jes. 44,22)

Ich will vor dir hergehen. Ich will die ehernen Türen zerschlagen und die eisernen Riegel zerbrechen und will dir heimliche Schätze geben und verborgene Kleinode, damit du erkennst, daß ich der Herr bin, der dich beim Namen ruft, der Gott Israels. (Jes. 45,2-3)

Ich bin der Herr, dein Gott, der dich lehrt, was dir hilft, und dich leitet auf dem Wege, den du gehst. O daß du auf meine Gebote gemerkt hättest, so würde dein Friede sein wie ein Wasserstrom und deine Gerechtigkeit wie Meereswellen. (Jes. 48,17-18)

Ich will euch ein anderes Herz und einen neuen Geist in euch geben und will das steinerne Herz aus eurem Fleisch wegnehmen und euch ein fleischernes Herz geben. Ich will meinen Geist in euch geben und will solche Leute aus euch machen, die in meinen Geboten wandeln und meine Rechte halten und danach tun. (Hes. 11,19-20)

Kommt her zu mir, alle, die ihr mühselig und beladen seid, ich will euch erquicken. Nehmt auf euch mein Joch und lernt von mir, denn ich bin sanftmütig und von Herzen demütig; so werdet ihr Ruhe finden für eure Seelen. Denn mein Joch ist sanft, und meine Last ist leicht. (Matth. 11,28-30)

Wie mich mein Vater liebt, so liebe ich euch auch. Bleibet in meiner Liebe! Wenn ihr meine Gebote haltet, so bleibt ihr in meiner Liebe ... Das sage ich euch, damit meine Freude in euch bleibe und eure Freude vollkommen werde. (Joh. 15,9+24)

Dieser Gott ist anbetungswürdig. Er schafft aus unserem Versagen den größten Sieg und macht aus unserer Niederlage einen Triumph.

Diesem Gott können wir uns mit Freuden anvertrauen. Und dann werden wir schauen, was Gott denen bereitet hat, die ihn lieben:

Und ich sah einen neuen Himmel und eine neue Erde;
denn der erste Himmel und die erste Erde sind vergangen,
und das Meer ist nicht mehr.
Und ich sah die heilige Stadt,
das neue Jerusalem,
von Gott aus dem Himmel herabkommen,
bereitet wie eine geschmückte Braut für ihren Mann.
Und ich hörte eine große Stimme von dem Thron her,
die sprach:
Siehe da, die Hütte Gottes bei den Menschen!
Und er wird bei ihnen wohnen,
und sie werden sein Volk sein,
und er selbst, Gott mit ihnen, wird ihr Gott sein;
und Gott wird abwischen alle Tränen von ihren Augen,
und der Tod wird nicht mehr sein,
noch Leid noch Geschrei noch Schmerz wird mehr sein;
denn das Erste ist vergangen.
Und der auf dem Thron saß, sprach:
Siehe, ich mache alles neu!
(Offb. 21,1-5)

ANHANG
(für einen, der nicht mehr weiß, wofür er danken könnte)


Danke für . . .

*a) die eigene Person*

1. Danke, daß ich bin.
2. Danke, daß ich aufstehen kann.
3. Danke, daß ich sehen kann.
4. Danke, daß ich hören kann.
5. Danke, daß ich mich bewegen kann.
6. Danke, daß ich mich freuen kann.
7. Danke, daß ich lieben kann.
8. Danke, daß ich denken – auch über dich nachdenken – kann.
9. Danke, daß ich lernen kann.
10. Danke, daß ich empfinden kann.
11. Danke, daß ich nicht alleine bin.
12. Danke, daß ich vergeben kann.
13. Danke, daß ich lachen kann.
14. Danke, daß ich weinen kann.
15. Danke, daß ich nicht einem blinden Schicksal ausgeliefert bin.
16. Danke für die Gesundheit.
17. Danke, daß ich durch die Krankheit dir begegnet bin.
18. Danke, daß ich leben darf.
19. Danke, daß alle Haare meines Hauptes gezählt sind.
20. Danke, daß . . .


*b) Umwelt – Menschen*

1. Danke für die Kinder.
2. Danke für die Menschen, die du mir zur Seite gestellt hast.

3. Danke für all die Gelegenheiten, deine Freundlichkeit zu erfahren.
4. Danke für meine Familie (auch für die Familienmitglieder, die uns zu schaffen machen).
5. Danke für meine Nachbarn, das Miteinander (auch wenn es manchmal problematisch ist).
6. Danke für die Arbeitsstelle (und wer pensioniert ist oder arbeitslos: Danke für die soziale Sicherheit).
7. Danke für die unterschiedlichen Völker.
8. Danke für die Gedanken und Empfindungen der Menschen.
9. Danke, daß wir wie Glieder eines Leibes füreinander einstehen dürfen.
10. Danke, daß . . . .

*c) Umwelt – Situationen*

1. Danke für den Besuch von . . .
2. Danke für deine Bewahrung in dieser Situation . . .
3. Danke für das Gespräch mit . . .
4. Danke für diese Niederlage, durch die du mir etwas Neues gezeigt hast.
5. Danke, daß du mir die rechten Worte gegeben hast bei . . .
6. Danke für die Ermutigung.
7. Danke, daß ich wieder einmal gesehen habe, daß ich von mir aus nichts tun kann.
8. Danke, daß es meinem Nachbarn besser geht.
9. Danke, daß XY deine Hilfe erfahren durfte.
10. Danke, daß XY diese Stelle erhalten hat.
11. Danke, daß ich dir meinen Freund anvertrauen darf.
12. Danke, daß XY sich dir ausgeliefert hat.
13. Danke, daß wir im Frieden leben dürfen.
14. Danke, daß du mir Ideen gibst, mit meinem Verletztsein umzugehen.

15. Danke, daß du mein Problem kennst.
16. Danke, daß alles geschieht, was du sagst.
17. Danke für deine Gegenwart in der Nacht.

## d) Umwelt – Dinge

1. Danke für die Schönheit, die wir wahrnehmen können.
2. Danke für die Musik.
3. Danke für die Kunst, an der wir uns erfreuen können.
4. Danke für das tägliche Brot, das du uns gibst.
5. Danke für die tausend kleinen und großen Bequemlichkeiten.
6. Danke für das Auto.
7. Danke für das Telefon.
8. Danke für die Faxmaschine.
9. Danke für den Computer.
10. Danke für Bücher.
11. Danke für . . .

## e) Natur

1. Danke für die Sonne, Mond und Sterne.
2. Danke für den Tag – für diesen neuen Tag.
3. Danke für die Nacht und für die Ruhe der Nacht.
4. Danke für die Schönheit und den Reichtum der Natur.
5. Danke für den Frühling, Sommer, Herbst und Winter.
6. Danke für den Regen und Sonne.
7. Danke für die Täler und Berge.
8. Danke für die Meere, Seen und Flüsse.
9. Danke für die Tiere.
10. Danke für das Korn und die Früchte der Erde.
11. Danke für die Wälder.
12. Danke für die Wiesen.
13. Danke für die Blumen.
14. Danke für die Weite.

15. Danke für die Zeit.
16. Danke für die Augenblicke der Entspannung.
17. Danke, daß deine Liebe die Welt trägt.
18. Danke für den vergangenen Tag.
19. Danke, daß ich mich freuen darf an allem, was du tust.
20. Danke, daß alles, was du schaffst, vollkommen ist.
21. Danke, daß du diese Welt erschaffen hast.
22. Danke, daß die Nacht dem Tag weichen muß.
23. Danke, daß die Sonne die Erde erwärmt.

*f) unsere Beziehung zu Gott*

1. Danke, daß ich mit dir reden kann.
2. Danke, daß ich in dir eine Zukunft habe und immer mit dir rechnen kann.
3. Danke, daß ich in dir geborgen bin.
4. Danke, daß ich dir vertrauen kann.
5. Danke, daß ich nicht selbst sühnen muß.
6. Danke, daß ich meine Ohnmacht erfahre, damit deine Kraft sichtbar werden kann.
7. Danke, daß nicht ich das Heil der Welt bin.
8. Danke, daß ich jetzt diese Situation dir überlassen kann, damit du etwas daraus machst.
9. Danke, daß du stark genug bist, auch mit diesem Problem fertig zu werden.
10. Danke, daß ich auch Fehler machen darf.
11. Danke, daß ich in dein Licht kommen darf.
12. Danke, daß ich mich deinem Licht öffnen darf.
13. Danke, daß ich vor dir nicht so tun muß als ob.
14. Danke, daß ich mich dir ungeschützt ausliefern kann.
15. Danke, daß ich immer zu dir fliehen kann.
16. Danke, daß das meine Freude ist, dir zu gehören.
17. Danke, daß es kein größeres Glück gibt, als bei dir zu sein.
18. Danke, daß ich hoffen darf.

19. Danke, daß ich dich nicht zu fürchten brauche.
20. Danke, daß ich mich ausdrücken kann.
21. Danke, daß ich dir nie ungelegen komme.
22. Danke, daß ich dir gehöre.
23. Danke, daß ich mit dir in Verbindung treten kann.
24. Danke, daß ich dir meine Sorgen geben kann.
25. Danke, daß ich mich dir zuwenden darf.
26. Danke, daß ich in deiner Gegenwart leben kann.
27. Danke, daß ich mich auf dein Wort verlassen kann.
28. Danke, daß ich überall deine Spuren erkennen kann.
29. Danke, daß ich über dich nachdenken darf und dich doch nie ergründen kann.
30. Danke, daß ich in dir alles habe, wonach ich mich sehne.
31. Danke, daß meine Irrtümer dich nicht in Verlegenheit bringen.
32. Danke, daß ich bei dir zu Hause bin.
33. Danke, daß du meine Freude bist.
34. Danke, daß ich mich loslassen darf, weil du mich festhältst.
35. Danke, daß ich diesen Tag in deine Hände zurückgeben darf.

*g) die Beziehung Gottes zu uns*

1. Danke, daß du mich nicht zurückweist.
2. Danke, daß du meine Schuld vergibst; daß du meine Schuld auf dich genommen hast.
3. Danke, daß du mich kennst, besser, als ich mich selber kenne.
4. Danke, daß du nicht willst, daß ich niedergeschlagen und entmutigt bin.
5. Danke, daß du dich freust, wenn ich mich freue.
6. Danke, daß du in mir deinen Sieg zur Vollendung und mich ans Ziel bringen wirst.
7. Danke, daß dein Licht meine Nacht erhellt.

8. Danke, daß dein Wort mein Chaos verwandelt.
9. Danke, daß du mich liebst.
10. Danke, daß deine Liebe nicht von meiner Leistung abhängig ist.
11. Danke, daß du mein Zuhause bist.
12. Danke, daß deine Weisheit mich führt.
13. Danke, daß du weißt, was ich brauche.
14. Danke, daß du dich freust, mir Gutes zu tun.
15. Danke, daß es für dich keine Probleme gibt.
16. Danke für dein Wort, das mir Orientierung ist.
17. Danke, daß du mich nicht allein läßt.
18. Danke, daß du den Weg zu dir durch Jesus geebnet hast.
19. Danke, daß du für mich sorgst.
20. Danke, daß in meiner Schwachheit deine Kraft erkennbar wird.
21. Danke, daß du meine Schwachheit trägst.
22. Danke, daß du mich nicht verachtest.
23. Danke, daß du mich reinigst, damit ich mehr Frucht bringen kann.
24. Danke, daß du mich von allen Seiten umgibst.
25. Danke, daß du mich keine Sekunde aus deinen Augen läßt.
26. Danke, daß du immer Zeit hast für mich.
27. Danke, daß du mich gewollt und geschaffen hast.
28. Danke, daß du meine Last trägst.
29. Danke, daß du mich kennst.
30. Danke, daß du auch all meine geheimen Gedanken kennst und mich trotzdem liebst.
31. Danke, daß du mich nicht aufgibst.
32. Danke, daß du mich nicht wegstößt.
33. Danke, daß du mich ans Ziel bringen wirst.
34. Danke, daß du nur zuläßt, was gut ist für mich.
35. Danke, daß du stärker bist als meine Angst.
36. Danke, daß du auch meine Eltern liebst.

37. Danke, daß du für mich dein Leben gegeben hast, du um meinetwillen gelitten hast.
38. Danke, daß du uns zur Freiheit berufen hast.
39. Danke, daß du den Müden Kraft gibst.
40. Danke, daß du den glimmenden Docht nicht auslöschst.
41. Danke, daß Christus in uns unser Leben reich macht.
42. Danke, daß du mich in diesen Raum und diese Zeit gestellt hast.
43. Danke, daß du da bist, auch wenn ich dich nicht sehe.
44. Danke, daß du mich heil machen willst.
45. Danke, daß . . .

*h) was Gott tut oder getan hat*

1. Danke für die Erlösung.
2. Danke für die Freude.
3. Danke für die Hoffnung.
4. Danke, daß du das Leben bist und Leben schaffst.
5. Danke für die Wunder, die du auch heute noch tust.
6. Danke für die Herrlichkeit, die du bereitet hast.
7. Danke für deinen Frieden, der nicht von Menschen abhängig ist.
8. Danke für deinen Heiligen Geist, der uns in alle Wahrheit leitet.
9. Danke, daß du alles erschaffen hast, das Sichtbare und das Unsichtbare.
10. Danke, daß dein Wort um die ganze Welt läuft.
11. Danke, daß du über deiner Schöpfung wachst.
12. Danke, daß du alles unter deiner Kontrolle hast.
13. Danke, daß du in mir das Wollen wirkst und das Vollbringen.
14. Danke, daß dir nichts verborgen ist.
15. Danke, daß du alles vorbereitet hast.
16. Danke, daß wir dein Werk sind.
17. Danke, daß du uns als Menschen erschaffen hast.

18. Danke, daß du uns Menschen, daß du alles so wunderbar gemacht hast.
19. Danke, daß du das, was du begonnen hast, auch vollenden wirst.
20. Danke, daß du dein Leben mit uns teilst.
21. Danke, daß du uns ein Leben gegeben hast, das unvergänglich ist.
22. Danke, daß du den Menschen Gaben gegeben hast.
23. Danke, daß du jeden so unterschiedlich begabt hast.
24. Danke, daß dein Licht die Finsternis vertreibt.
25. Danke, daß deine Schöpferkraft aus dem Nichts das Seiende ruft.
26. Danke, daß du dich uns gegeben hast.
27. Danke, daß Jesus unser Erlöser ist.
28. Danke, daß du ein Gott bist, der Schuld vergibt.
29. Danke, daß du um unseretwillen gelitten hast.
30. Danke, daß du uns Zeit gegeben hast.
31. Danke, daß du unser Vater bist.
32. Danke, daß du gerne hilfst.
33. Danke, daß du ein Gott bist, der Gebete erhört.
34. Danke, daß du uns ein Leben gegeben hast, das unvergänglich ist.
35. Danke für die unvorstellbare Herrlichkeit, die du bereitet hast.
36. Danke, daß du keinen Ratgeber brauchst.
37. Danke, daß dein Friede höher ist als alle Vernunft.
38. Danke, daß du ein Gott bist, der Wunder tut.
39. Danke, daß du ein Gott bist, der Tote lebendig macht.
40. Danke, daß du versprochen hast, dich finden zu lassen.
41. Danke, daß Feuer und Wind deine Diener sind.
42. Danke, daß deine Gedanken nicht unsere Gedanken sind.
43. Danke, daß es für dich keine Probleme gibt.
44. Danke für die Schönheit und den Reichtum in der Natur.
45. Danke, daß du uns in diese Natur hineingestellt hast.

46. Danke, daß du uns die Vergebung vorgelebt hast.
47. Danke, daß du die Herzen der Menschen lenken kannst wie Wasserbäche.
48. Danke, daß du uns dein Wort anvertraut hast.
49. Danke, daß du versprochen hast, uns nicht zu verlassen.
50. Danke, daß du Kraft genug hast für den, der keine Kraft hat.
51. Danke, daß du mich reinigst, damit ich Frucht bringen kann.
52. Danke, daß du die dicksten Mauern niederreißen kannst.
53. Danke, daß auch die Naturgewalten zu deinem Dienst bereit stehen.
54. Danke, daß selbst die größten Katastrophen in deinen Händen verwandelt werden.
55. Danke, daß du dieser Welt eine Zeit bestimmt hast.
56. Danke, daß du wiederkommen wirst.
57. Danke, daß du Wort hältst.
58. Danke, daß du mir lieben hilfst.
59. Danke, daß du dem Bösen eine Grenze gesetzt hast.
60. Danke, daß du jedes Wort mitgehört hast.
61. Danke, daß du dem Chaos ein Ende bereitest.
62. Danke, daß dein Wort Kraft hat.

### i) Gott selbst

1. Danke, daß du Gott bist.
2. Danke, daß du gegenwärtig bist.
3. Danke, daß du allmächtig bist und größer als alles Geschaffene.
4. Danke, daß du stark genug bist, auch mit Schwierigkeiten fertig zu werden.
5. Danke, daß du allwissend bist.
6. Danke, daß du das Leben bist.
7. Danke, daß du Liebe bist.
8. Danke für deine Zusagen.
9. Danke, daß du ewig bist.

10. Danke, daß du barmherzig bist.
11. Danke, daß du geduldig bist.
12. Danke, daß du gütig bist.
13. Danke, daß du treu bist.
14. Danke, daß deine Weisheit höher ist als menschliche Weisheit.
15. Danke, daß du vollkommen bist.
16. Danke, daß du Licht bist.
17. Danke, daß du die Wahrheit bist.
18. Danke, daß du das Heil der Welt bist.
19. Danke, daß dir nichts unmöglich ist.
20. Danke, daß du nie ratlos bist.
21. Danke, daß du Recht behältst.
22. Danke, daß du dich nicht änderst.
23. Danke, daß du mehr wert bist als alle Schätze dieser Erde.
24. Danke, daß es außerhalb von dir kein Glück gibt.
25. Danke, daß du der Herr bist.
26. Danke, daß du das Ziel aller Dinge bist.

Danke . . . Danke . . . Danke . . . Danke